LES BOHÉMIENS DE LONDRES

LA
TOUR
DU
ROI

PAR

LE VICOMTE PONSON DU TERRAIL

AUTEUR DE :

Les Bohémiens de Londres, les Bohêmes de Paris, Coquelicot, le Testament de Grain-de-Sel, le Trou de Satan, les Chevaliers du Clair de lune, Amaury le Vengeur, la Belle Antonia, les Etudiants de Heidelberg, les Gandins, la Jeunesse du roi Henri, le Serment des Quatre Valets, les Mémoires d'un Homme du Monde, le diamant du Commandeur, les Drames de Paris, les Exploits de Rocambole, le Club des Valets de Cœur, la Revanche de Baccarat, la Dame au Gant noir, les Compagnons de l'Epée ou les Spadassins de l'Opéra, la Belle Provençale, la Cape et l'Epée, etc.

II

PARIS
L. DE POTTER, LIBRAIRE-ÉDITEUR
RUE FONTAINE MOLIÈRE, 27.

LA TOUR DU ROI

AVIS AUX PERSONNES QUI VEULENT MONTER UN CABINET DE LECTURE.

BIBLIOTHÈQUE

DES

MEILLEURS ROMANS MODERNES

2,100 vol. environ, format in-8°. — Prix : 2,500 fr.

Cette collection contient les NOUVEAUTÉS de nos auteurs les plus en vogue publiées jusqu'à ce jour par la maison, lesquelles sont accompagnées d'affiches à gravures et autres.
Les Libraires qui feront cette acquisition recevront **GRATIS** cent exemplaires du Catalogue complet et détaillé avec une couverture imprimée à leur nom pour être distribués à leurs abonnés.
La Maison traite de gré à gré pour un nombre moins considérable de volumes à des conditions très-avantageuses.
Le prix de chaque ouvrage, pris séparément, est de cinq francs net le volume.
Grandes facilités de payement moyennant les renseignements d'usage. Le Catalogue se distribue gratis aux personnes qui en feront la demande par lettres affranchies.

Wassy. — Imprimerie de Mougin-Dallemagne.

LES BOHÉMIENS DE LONDRES

LA
TOUR
DU
ROI

PAR

LE VICOMTE PONSON DU TERRAIL

auteur de

Les Bohémiens de Londres, les Bohêmes de Paris, Coquelicot, le Testament de Grain-de-Sel, le Trou de Satan, les Chevaliers du Clair de lune, Amaury le Vengeur, la Belle Antonia, les Etudiants de Heidelberg, les Gandins, la Jeunesse du roi Henri, le Serment des Quatre Valets, les Mémoires d'un Homme du Monde, le diamant du Commandeur, les Drames de Paris, les Exploits de Rocambole, le Club des Valets de Cœur, la Revanche de Baccarat, la Dame au Gant noir, les Compagnons de l'Épée ou les Spadassins de l'Opéra, la Belle Provençale, la Cape et l'Épée, etc.

II

PARIS

L. DE POTTER, LIBRAIRE-ÉDITEUR

RUE FONTAINE MOLIÈRE, 27.

Droits de traduction et de reproduction réservés

LES MÉTAMORPHOSES DU CRIME

PAR
XAVIER DE MONTÉPIN

Le titre de ce livre est étrange. — Le livre est plus étrange encore. — L'imagination ne saurait rêver rien de plus terrible, de plus curieux, de plus émouvant, que le drame mystérieux et sinistre qui se déroule dans le nouveau roman de l'auteur des *Marionnettes du Diable* et des *Compagnons de la Torche*.

Nous ne croyons pas qu'il soit possible de pousser plus loin l'intérêt. — Le lecteur oppressé, haletant, agité d'une curiosité fiévreuse, ne peut quitter le livre commencé et va tout d'une haleine de la première à la dernière page.

Nous devons ajouter que les évènements dramatiques racontés avec un talent hors ligne, reposent sur une base réelle, et que la donnée primitive du roman est empruntée à un procès criminel oublié aujourd'hui, mais qui fit grand bruit en 1830, et préoccupa la France et l'Europe entières.

Le type effrayant de *Rodille*, les personnages si attendrissants, si sympathiques de *Jean Vaubaron*, de *Blanche*, de *Paul Mercier*, compteront parmi les créations les plus heureuses du plus brillant romancier contemporain.

LES BUVEURS D'ABSINTHE

PAR
HENRY DE KOCK

Voici un nouveau livre d'Henry de Kock, appelé, comme succès, à rivaliser avec les meilleurs ouvrages de nos meilleurs romanciers. L'auteur du *Médecin des Voleurs*, des *Démons de la Mer*, et de tant d'autres romans qui ont leur place dans toutes les bibliothèques, s'est surpassé dans ses *Buveurs d'absinthe*. Sous ce titre original, et tout d'actualité, Henry de Kock a frondé une passion qui, malheureusement, tend de plus en plus à se répandre en France, comme celle d'une autre infernale liqueur, — le gin, — chez nos voisins d'outre-Manche. Au milieu des évènements nombreux d'un drame des plus intéressants, Henry de Kock a montré ses *Buveurs d'absinthe* aux prises avec l'idiotisme, la folie, le crime, suites inévitables de leur manie dégénérée en vice, puis, à côté de ces types odieux il en a tracé d'autres, aimables ou amusants ceux-là, pour épanouir ou consoler l'âme du lecteur. C'est un livre qui restera que les *Buveurs d'absinthe*, non seulement comme un roman, mais aussi comme une étude utile à consulter, agréable à lire; comme une œuvre remarquable, tout à la fois comme philosophie et comme morale, comme style et comme portée.

Wassy. — Imprimerie de MOUGIN-DALLEMAGNE.

CHAPITRE NEUVIEME

IX

— O fou que j'ai été ! murmurait Os-many. Ne devais-je point prévoir ce dont Topsy est capable. Ah ! dit-il en frappant du pied avec rage, elle a fait fouetter son père, le vieux Nathaniel, eh bien! elle sera fouettée comme lui, de la main du bourreau, et quand le bourreau aura fait son office, le mien commencera. En ce moment, Elspy ouvrit languissamment les yeux et les fixa sur Osmany.

— Jean, dit-elle, je ne veux pas que tu la tues... je veux revenir à la vie, moi... et c'est moi qui me vengerai!..

— Ne parlez pas, mon enfant, dit Bolton.

— Oui, murmura Jean de France, tu

feras ce que tu voudras, ma bonne Elspy.

— Je me battrai avec elle, en duel, à armes égales, dit la jeune bohémienne. N'est-elle pas de notre race?

— Ce qui m'étonne, dit le chirurgien Bolton qui imposa silence d'un geste, à la jeune fille blessée, c'est que vous n'ayez point tué sur place cette misérable.

— Ah! dit Osmany, j'ai perdu la tête. Quand j'ai vu cette pauvre enfant me couvrir de son sang, lorsque je l'ai entendu s'écrier : Jean! je suis morte! Alors mon ami, j'ai compris que si fort que soit un homme, il est des heures dans la vie où il devient plus faible qu'une femme. »

Elspy rouvrit les yeux et enveloppa Jean de France d'un regard d'amour et d'un sourire :

« Oh ! tu es le meilleur des hommes, » dit-elle.

Cinthia lui apporta la potion prescrite par Bolton.

« Buvez ! lui dit ce dernier, et tâchez de dormir »

Puis il tira lui-même les rideaux du lit et fit signe à Osmany de le suivre. Cinthia et Dinah demeurèrent assises au chevet d'Elspy. Bolton et Osmany passèrent dans la pièce voisine.

« Ah ! docteur, dit Jean de France dont la voix était entrecoupée de sanglots, promettez-moi donc que vous la sauverez.

— Ecoutez-moi bien, répondit Bolton. Si la nuit se passe sans fièvre, je réponds non-seulement de sa vie, mais encore d'une guérison rapide, car j'ai extrait la balle et la blessure ne tardera point à se fermer.

— Et si la fièvre survient ? »

Bolton leva les yeux au ciel et ne répondit pas. Jean de France couvrit son visage de ses deux mains et de nouvelles larmes jaillirent au travers de ses doigts.

« Allons ! du courage, dit Bolton. Je compte beaucoup sur une potion calmante que je vais préparer en rentrant chez moi. Il faudra que votre chère blessée en fasse usage de quart d'heure en quart d'heure. »

Bolton tira sa montre.

« Je vais aller chez le marquis Roger, dit il. Je reviendrai vers minuit. Mais comme il faut faire usage de la potion auparavant, je vais emmener Cinthia avec moi, et elle la rapportera dans une heure.

— Soit, dit Osmany, allez! mon bon docteur. »

Bolton partit, emmenant Cinthia.

« Reviens au plus vite! lui dit Jean de France, et fais le plus de détours possible pour rentrer dans le Wapping. Je crains toujours qu'on ne te fasse suivre. »

Cinthia partit en promettant de se conformer aux volontés de Jean de France. Le chirurgien habitait le quartier le plus populeux et le plus misérable de Londres, après le Wapping. C'était là qu'était sa modeste clientèle, car ses habitudes débraillées et le sans gêne de ses manières et de sa toilette ne lui permettaient guère de soigner la gentry. Il occupait, en compagnie d'une vieille servante, le rez-de-chaussée d'une petite maison dans laquelle il avait installé un laboratoire de chimie. Ce fut dans cette pièce qu'il fit entrer Cinthia. La pauvre mère s'assit et, tandis que Bolton préparait sa potion, elle lui dit :

« Vous êtes bien heureux, vous, vous allez le voir.

— Pauvre mère ! dit Bolton.

— Ah ! reprit-elle, je n'ose même pas parler de lui devant Jean de France. Si vous saviez comme il me rudoie !.. Les hommes, voyez-vous, ça a le cœur dur...

ça ne comprends pas ce que souffre une pauvre femme qui n'a qu'un fils et qui est condamnée à ne jamais le voir. »

Et Cinthia pleurait en parlant ainsi.

« Eh bien! dit Bolton attendri, si vous me promettez d'être bien raisonnable, de ne pas vous trahir... »

Il s'arrêta et regarda la bohémienne.

« Oh! achevez! fit-elle en joignant les mains et suspendant son âme aux lèvres du docteur.

— Je vous ferai voir votre fils d'ici à quelques jours. »

Cinthia poussa un cri de joie.

« Il est très-curieux de visiter un laboratoire de chimie, poursuivit Bolton. Je lui ai promis de lui montrer celui-ci. Je vous cacherai là, dans ce cabinet. Vous pourrez le voir tout à votre aise. »

Cinthia prit la main du docteur et la porta à ses lèvres. Bolton acheva de préparer la potion, puis il la remit à la bohémienne en lui disant :

« N'oubliez pas les recommandations de Jean de Erance : prenez bien garde d'être suivie ! »

Cinthia, en sortant de chez le docteur, prit une petite ruelle étroite, puis une seconde, revint sur ses pas, tourna à gauche et s'arrêta plusieurs fois. Les rues étaient désertes. Il tombait, ce soir-là, sur Londres, un petit brouillard pénétrant qui glaçait jusqu'aux os. Cinthia gagna ainsi le pont de Londres, et elle allait atteindre les premières maisons du Wapping, lorsqu'elle fut interpellée par une femme qui passa auprès d'elle.

« La charité, s'il vous plait ! » dit-elle.

Cinthia s'arrêta un moment et fouilla dans sa poche pour y prendre une pièce de monnaie. Mais, au même instant, la mendiante fit entendre un léger cri, et deux hommes s'élancèrent de l'enfoncement d'une porte dans laquelle ils étaient blottis. L'un jeta ses bras autour de la taille de Cinthia ; l'autre lui posa un mouchoir sur la bouche pour l'empêcher de crier. Cette attaque fut si brusque, si inattendue, que la bohémienne n'eut pas le temps de se débattre. La mendiante lui mit un capuchon de laine sur la tête ; les deux hommes lui lièrent les mains. Cinthia, garottée, enlevée, dans l'impossibilité de jeter un cri, aveuglée par le capuchon se sentit emportée sur les épaules de l'un de ses ravisseurs qui se mit à courir l'espace d'une centaine de pas. Une voiture attendait à l'entrée d'une petite ruelle noire. Les deux hommes en ouvrirent la portière, y jetèrent la bohémienne, placèrent la mendiante auprès d'elle, et le cocher fouetta ses chevaux.

CHAPITRE DIXIEME

X

Un matin, sir Robert Walden sortit à pied de son hôtel, vers huit heures, enveloppé dans son manteau. Sa physionomie soucieuse attestait de graves préoccupations.

« Il faut en finir, se disait-il : il faut que j'aie une explication avec Roger. S'il me prouve qu'il est bien le fils de lord Asburthon et de lady Cecily, je lui ferai des excuses, si besoin est ; mais s'il ne peut me le prouver, je ferai appel à sa loyauté. Roger est brave, Roger est bon, il a un noble cœur, il ne voudra point conserver dans le monde une place qui ne lui appartiens pas. »

Certes, le baronnet sir Robert Walden passait à bon droit pour un homme intrépide : il avait eu vingt duels, et avait chassé le tigre dans l'Inde et le lion dans le Sahara ; et cependant, à mesure qu'il approchait de l'hôtel d'Asburthon, il éprouvait un violent battement de cœur ; car de quel droit allait-il aborder Roger et lui dire : « Je viens vous demander si, oui ou non, vous êtes un imposteur ? » Sir Robert Walden n'allait-il pas être obligé d'apprendre à Roger que sa mère et son frère, qu'ils croyait morts depuis longtemps vivaient encore ?

L'honorable baronnet frappa, tout ému, à la grille de l'hôtel. On lui dit que le marquis n'était pas visible. Mais il insista, disant qu'il avait à l'entretenir de choses de la plus haute importance. Le jeune marquis était au lit quand on annonça le baronnet. Le chirurgien Bolton était auprès de lui, occupé à lui appliquer un bandage sur l'épaule. Sir Robert s'arrêta sur le seuil, les sourcils froncés, un peu pâle, et pris d'une certaine hésitation à la vue du chirurgien.

« Entrez, mon ami, lui dit Roger en souriant. Voilà longtemps que j'attendais votre visite. »

Sir Robert balbutia quelques excuses : il avait été souffrant et sa nièce aussi.

« N'importe ! dit Roger, vous êtes inexcusable, car vous m'avez laissé partir pour l'Amérique sans me faire vos adieux.

— Pardonnez-moi, » dit sir Robert que la présence de Bolton gênait singulièrement.

Puis, avisant le bandage, il tressaillit :

« Est-ce que vous êtes blessé ? » demanda-t-il.

Ce fut Bolton qui prit la parole :

« Monsieur le marquis, dit-il, je sais pourquoi sir Robert Walden n'a pas mis le pied dans cet hôtel depuis le jour de votre rencontre avec le capitaine Maxwel.

— Ah ! vous le savez ? dit Roger. Eh bien ! apprenez-le moi, mon cher Bolton, car la conduite de sir Robert m'a paru fort étrange.

— Etrange, en effet, » dit sir Robert,

qui demeurait debout, les bras croisés, cherchant vainement un exorde convenable, se trouvant à bout d'éloquence avant d'avoir parlé.

Bolton était calme et souriant.

« Figurez-vous, dit-il, que le baronnet sir Robert Walden, un ami de trente années, un homme avec qui j'ai chassé le tigre dans les jungles, a voulu me tuer, là, au chevet de votre lit.

— Mais c'est impossible, cela! dit Roger.

— Le vrai est souvent impossible ; demandez à sir Robert. »

Celui-ci fit un signe de tête affirmatif.

« Et savez-vous pourquoi ? continua Bolton : parce que je ne voulais pas trahir les secrets de feu lord Asburthon, votre noble père.

— Mais je crois rêver, dit Roger ; disculpez-vous donc, sir Robert !

— Bolton dit vrai, murmura le baronnet.

— Vous avez voulu le tuer ?

— Oui, parce que je ne lui apprenais point l'origine de ce signe que vous portez sur l'épaule.

— Ah ! mon Dieu ! dit Roger en riant, je gage que sir Robert m'a pris pour un bohémien !

— Justement ! » dit Bolton.

Le calme de Bolton et le sourire de Roger déconcertèrent sir Robert Walden.

« Rassurez-vous, mon ami, reprit le marquis dont le grand œil limpide et loyal s'arrêta sur sir Robert : je suis bien le fils de lord Asburthon. »

Et Roger, qui croyait dire vrai, eut un tel accent de franchise, que sir Robert perdit contenance.

« Mon vieil ami, reprit Bolton, j'avais juré à lord Asburthon de ne révéler ce secret que si je trouvais un moyen de faire disparaître ce signe honteux qui flétrissait l'épaule de son fils. Ce moyen, je l'ai trouvé ; me voici donc dégagé de mon serment, et je puis parler. »

Sir Robert sentait sa poitrine se soulever, comme si on l'eût débarrassé d'un grand poids. Alors Bolton fit à sir Robert un récit identique à celui qu'il avait fait, deux jours auparavant à Roger. Et sir Robert l'écouta avidement.

« Mon Dieu! dit-il quand Bolton eut fini, me pardonnerez-vous jamais mes injustes et abominables soupçons, marquis?»

Pour toute réponse, Roger tendit la main au vieux gentilhomme.

. . . .

Assise devant une glace-psyché de son boudoir, miss Ellen se souriait complaisamment.

« Mon honorable oncle sir Robert Walden, se disait-elle, est allé ce matin, en grand mystère, chez le marquis Roger. Je serai curieuse de savoir ce qu'il lui a dit. Ces hommes habiles sont amusants au possible. Je vois d'ici mon excellent oncle. Il sera allé voir Roger, lui aura solennellement fait passer son nom, et lui aura dit :

« Mon cher marquis, j'ai été l'ami de

votre père, et, à ce titre, je viens vous demander franchement si vous ne seriez pas un bohémien, un enfant du marquis d'Asburthon et d'une maîtresse de hasard, un fils substitué enfin! Auquel cas je vous prierais de vouloir bien songer que le marquis a laissé un fils légitime, et qu'il est convenable de lui restituer son titre et sa fortune. » A quoi le marquis aura répondu fort naïvement par la naïve histoire inventée par Jean de France et le chirurgien Bolton. »

Miss Ellen semblait avoir le flair des événements, car tandis qu'elle se débitait ce joli monologue on frappa à sa porte, et sir Robert Walden entra. Le digne baronnet avait le visage décomposé, l'œil terne, la lèvre pendante. Miss Ellen le regarda du coin de l'œil et se dit tout bas :

« J'ai deviné juste. »

Puis, tout haut :

« Bonjour, mon cher oncle, d'où venez-vous si matin ?

— De chez le marquis Roger d'Asburthon.

— Le bohémien? » dit miss Ellen qui crut devoir rougir, afin de justifier l'opinion qu'avait sir Robert qu'elle aimait Roger.

Sir Robert regarda sa nièce avec une sorte d'étonnement douloureux :

« Hélas! dit-il avec effort, Lionel ne sera jamais marquis d'Asburthon. »

Miss Ellen jeta un cri d'étonnement, sir Robert lui prit la main, la regarda avec émotion et lui dit :

« Nous nous sommes trompés, mon enfant, le marquis Roger est bien le fils légitime de lord Asburthon.

— Vous croyez, mon oncle ?

— J'en suis sûr.

— Mais..... cette marque ?

— Ah! c'est justement cette marque, dit sir Robert, qui m'a si fort troublé durant quelques jours. j'ai cru que Roger était un bohémien.

— Et..... maintenant ?

— Maintenant, je ne le crois plus. »

Miss Ellen laissa glisser sur ses lèvres un sourire railleur.

« Vous ne le croyez plus, dit-elle, jusqu'au moment où on vous prouvera que vous êtes dupe d'une comédie. »

Ces mots articulés froidement, avec l'accent de la conviction, firent faire à sir Robert un pas en arrière.

« Es-tu folle, dit-il.

— Comment vous a-t-on expliqué l'origine de cette marque?

— Ah! tu vas voir. »

Miss Ellen l'arrêta d'un geste comme il allait répondre.

« C'est inutile. Je connais l'histoire aussi bien que vous. C'est un certain Jean de France qui l'a inventée.

— Jean de France! fit sir Robert chez qui ce nom évoqua un souvenir.

— Oui, mon oncle, le roi des bohémiens, le frère de Cynthia, l'ancienne maîtresse de lord Asburthon et la véritable mère du marquis Roger. »

Sir Robert Walden sentit une sueur

froide perler à son front. Miss Ellen continua :

« On vous a raconté que le marquis, enfant, avait été enlevé par les bohémiens, dans le palais de Calcutta.

— Comment sais-tu cela ? »

Il vint alors aux lèvres de miss Ellen un de ces sourires qui révèlent tout à coup la femme supérieure.

« Ecoutez, mon bon, mon excellent oncle, dit-elle. Nous poursuivons tous deux le même but, bien que guidés par des motifs différents. Vous voudriez voir Lionel, le seul fils légitime, devenir pair d'Angleterre et marquis d'Asburthon.

— Mais enfin, s'écria sir Robert étreint par le doute, si cette histoire est vraie.....

— Elle est fausse. Et je me charge de vous le prouver.

— Toi ?

— Mais à une condition, mon cher oncle.

— Laquelle ?

— C'est que vous me laisserez toute liberté d'action.

— Comment cela ?

— Je vous demande trois jours au plus, vingt-quatre heures au moins, pour vous prouver que Roger s'appelle Amri, qu'il est le fils de Cynthia la bohémienne, et je forcerai celle-ci à en convenir.

— Tu ferais cela ?

— Oui, si vous voulez provisoirement intervertir les rôles entre nous.

— De quelle manière ?

— Je serai la tête, vous le bras. Vous m'obéirez aveuglément sans me demander aucune explication.

— Soit. J'y consens.

— Et d'abord dit miss Ellen, vous allez me trouver deux hommes sûrs qui puissent, ce soir commettre un enlèvement. »

Sir Robert ne put s'empêcher de regarder miss Ellen avec un profond étonnement.

« Vous oubliez donc mon origine, dit-elle. Vous ne vous souvenez donc pas que je suis bohémienne ? Eh bien ! voyez-vous, mon bon oncle, les gens de ma race sont nés pour l'intrigue, pour les expéditions aventureuses et les coups de mains hardis. »

Un nuage de tristesse passa sur le visage du baronnet.

« Avec votre brutale franchise de galant homme, continua Ellen, vous n'êtes pas de force à lutter avec Jean de France.

— Jean de France ! murmura sir Robert

Walden, mais où donc ai-je entendu parler de cet homme ?

— Rappelez vos souvenirs. Ne m'avez-vous point raconté qu'un jour, à la chasse au tigre, lord Asburthon dut la vie à un bohémien ?

— C'est vrai.

— Ce bohémien, c'était Jean de France.

— Ah ! dit sir Robert.

— Vous souvenez-vous encore que le marquis Roger faillit être dévoré par un ours échappé d'une ménagerie ?

— Si je m'en souviens !

— L'homme qui le sauva était Jean de France.

— Comment ! le nabab Osmany...

— Et Jean de France ne font qu'un.

— Après ! fit avidement sir Robert.

— Enfin, vous n'avez pas oublié le duel de Roger avec le capitaine Maxwell ?

— Non.

— Le marquis devait être tué. L'épée qu'il avait achetée à la *Dragonne d'Or* devait se briser comme verre. Un homme se présenta chez le marquis, tandis que vous et Lionel dîniez chez lui. Cet homme apportait une autre épée à Roger et lui démontra le coup terrible dont le capitaine est mort. Cet homme, c'était toujours Jean de France.

— Mais cet homme est un démon ?

— A peu près, mais il est le bon ange de Roger, car il l'a encore sauvé en Amérique, et il viendra à son aide partout et toujours.

— Et Roger est son complice? car il sait quelle est sa véritable origine.

— Non. Roger est de bonne foi quand il se croit le fils légitime de lord Asburthon.

— Alors, on peut le détromper?

— Oui. Mais pas vous.

— Comment! fit sir Robert, douterait-il de ma parole?

— Ceux qui sont sous l'empire de Jean de France, dit gravement miss Ellen, ne croient qu'en lui..... »

Puis elle ajouta :

« Ou en moi.

— Toi ? fit encore sir Robert.

— Roger m'aime comme un fou, dit-elle, et je suis assez forte pour lutter contre Jean de France. »

Et comme sir Robert la regardait et se demandait s'il n'était point le jouet d'un rêve, miss Ellen ajouta :

« Mon oncle, si vous me laissez agir, j'atteindrai le but que vous vous proposez, faire descendre Roger de son fauteuil de pair. Lionel lui succédera sans bruit, sans esclandre, dans son titre et sa fortune.

— Mais, dit sir Robert, Roger que deviendra-t-il ?

— Il disparaîtra..... avec moi. »

Et elle ajouta, avec une coquetterie infernale :

« Il sera toujours assez riche de mon amour. »

Le baronnet sir Robert Walden regardait sa nièce avec stupéfaction.

« Mais, dit-il encore, quel intérêt ce

Jean de France a-t-il à se faire le protecteur de Roger?

— Ah! dit miss Ellen, vous ne savez pas quel est l'orgueil de cet homme. Roger est sa créature, et lui, le bohémien, le paria, le fils d'une race déshéritée et maudite, traitée à l'égal des juifs, il a su faire asseoir un homme de sa tribu sur le fauteuil d'un pair d'Angleterre.

— C'est juste. Je comprends maintenant. Et tu crois pouvoir lutter contre cet homme?

« — Oui, dit résolûment miss Ellen ; oui, si vous me laissez faire, si vous m'obéissez, si je puis sortir librement à toute heure, sans rendre compte de mes actions.

— Eh bien ! dit sir Robert Walden en faisant un pénible effort pour étouffer la voix de sa conscience qui criait en lui, je t'accorde cette liberté d'action dont tu as besoin pour mener à bonne fin cette entreprise. »

Miss Ellen était redevenue souriante, et

son visage mutin prit une expression moqueuse.

« Vous connaissez ce vieux beau qu'on nomme sir Arthur Rood et qui se meurt d'amour pour moi ?

— Oui, certes.

— Jusqu'ici votre maison lui a été impitoyablement fermée.

— Parce que je savais qu'il te déplaisait.

— Il ne me déplait plus, mon oncle; vous l'inviterez à dîner pour demain. »

— Soit! dit sir Robert.

— Et avec lui le vicomte Albéric Berny et le petit baronnet sir Edward Johnson ; tous deux m'aiment également, et il se déhanchent sur leur selle quand ils me rencontrent à cheval, dans mes promenades du matin.

— Et puis ? dit sir Robert du ton d'un subalterne qui prend des ordres.

— Il me faut deux hommes pour l'enlèvement dont je vous ai parlé.

— Qui veux-tu faire enlever ?

— Cynthia, la mère de Roger. Ces deux hommes, on peut les prendre parmi vos gens; vous avez deux laquais, Joë et Black, qui sont d'une force herculéenne; vous leur enjoindrez de m'obéir. Je me charge du reste. »

Elle sonna et demanda sa voiture.

CHAPITRE ONZIEME

XI

Quelques heures après Cynthia était enlevée à l'entrée du Wapping. Nous avons vu la bohémienne liée, garrottée et réduite à l'impuissance, grâce au capuchon qui fut jeté sur sa tête pour l'empêcher de crier. Vainement elle essaya de se débattre, vainement elle jeta des cris étouffés; la voiture roulait rapidement, et la mendiante avait des bras si robustes que Cynthia ne put se débarrasser du capuchon. Où la conduisait-on? que voulait-on faire d'elle? Cynthia se posa ces deux questions avec terreur. Puis elle se souvint que Jean de France lui avait dit que son fils avait des ennemis, et que ces ennemis par tous les moyens possibles, la contraindraient à se trahir. La mendiante vint la confirmer dans cette opinion, car elle lui dit à l'oreille :

« Prenez garde ! il s'agit de la vie de votre fils, que vous compromettriez en essayant de nous échapper. »

Mais Cynthia était une femme forte ; elle ne laissa échapper aucune exclamation de terreur. Seulement elle murmura sous le capuchon :

« Assurément, cette femme se trompe, car je n'ai pas de fils ! »

La mendiante lui dit encore :

« Si vous voulez vous laisser bander les yeux, on vous ôtera votre capuchon, et vous pourrez respirer plus librement. »

Cynthia fit un signe de tête affirmatif. La mendiante passa ses mains sous le capuchon et, avec une adresse d'escamoteur, elle noua un foulard sur les yeux de Cynthia ; puis, avant d'enlever le capuchon, elle lui fit sentir la pointe d'un poignard, en lui disant :

« Gardez vous de crier, je vous tuerais !

— Je ne crierai pas, » répondit Cynthia avec résignation. »

La mendiante enleva le capuchon.

« A présent, dit-elle, nous pouvons causer.

— Que me voulez-vous ?

— Je veux vous parler de votre fils.

— Je n'ai pas de fils, répondit Cynthia.

— Vous mentez !

— Je vous assure qu'il y a erreur. Je suis une pauvre femme, continua la bohémienne, et n'ai ni enfant ni mari : vous vous trompez.....

— Nous sommes parfaitement renseignés. Vous avez un fils, un fils qui vous aime et dont on vous a séparée. »

Cynthia secoua la tête.

« Ah ! dit encore la mendiante d'une voix caressante et émue, ce pauvre enfant, privé si longtemps des caresses de sa mère, comme il vous serrerait dans ses bras, comme il vous presserait sur son cœur...

— Madame, dit Cynthia, je n'ai pas de

fils, et on me prend pour une autre personne. Mais dites-moi où vous me conduisez.....

— Chez votre fils. »

Ce mot frappa Cynthia au cœur et la bouleversa. Cependant elle se souvint des recommandations de Jean de France ; elle eut la force de refouler ses plus violentes émotions au plus profond de son âme.

« Si vous me conduisez chez un homme que vous croyez être mon fils dit-elle, vous

verrez bien que vous vous êtes trompée :
un fils doit reconnaître sa mère. »

La mendiante haussa les épaules et se
tut. La voiture roulait rapidement. Cynthia se prit à écouter le bruit des roues.
D'abord le pavé avait rendu un son sec et
sonore, et la voiture avait éprouvé plusieurs cahots. Cynthia avait compris qu'elle
roulait sur le pavé raboteux et inégal de
Tooley street. Puis le mouvement devint
plus doux, et au bruit du pavé succéda
le bruit sourd de la terre foulée. Cynthia

pensa qu'elle était hors de Londres et se trouvait sur une grande route. Un air humide et froid qui entrait par les portières entr'ouvertes, lui donna lieu de croire que cette route longeait la Tamise. Enfin, au bout d'une heure de course rapide, la voiture s'arrêta.

« C'est ici ! » dit une voix d'homme.

Les deux ravisseurs de Cynthia s'étaient placés, durant le trajet, l'un derrière la voiture, pendu aux étrivières, l'autre sur le siége, à côté du cocher. Tous deux mirent pied à terre ; Cynthia fut tirée hors de la voiture, et la mendiante lui dit :

« Nous voici arrivés !... Prenez ma main et laissez-vous conduire ; surtout ne cherchez pas à résister, car vous vous perdriez et perdriez votre fils. »

Cynthia demeura impassible et répondit :

« J'ai hâte que vous reconnaissiez l'erreur dont je suis victime, et me laissiez aller. Voyons la personne que vous croyez être mon fils.

« — Il n'est point encore ici, mais il viendra. »

Cynthia se laissa entraîner et fit quelques pas. Elle entendit les deux hommes qui chuchotaient, et l'un deux qui mettait une clef dans une serrure ; en même temps la mendiante murmura quelques mots à voix basse, et parmi ces mots un nom qui frappa l'oreille de la bohémienne : le nom de miss Ellen.

Elle ne s'était donc pas trompée : c'était bien au pouvoir des ennemis de son fils qu'elle était tombée. Alors elle voulut voir où elle était, et comme la mendiante la poussait devant elle en lui faisant monter une marche, elle souleva son bandeau rapidement et jeta un regard furtif autour d'elle; puis le bandeau retomba, mais Cynthia avait vu! Elle avait reconnu le bord de la Tamise et le cottage de miss Ellen, dont Jean de France lui avait fait la description. Alors un immense espoir s'empara de la captive.

« Jean de France me délivrera! » se dit-elle.

Et puis elle songea à son fils, et puisa dans son amour maternel la force nécessaire pour subir les épreuves auxquelles, sans doute, on la réservait.

« Venez! lui dit la mendiante; vous avez trois marches à monter. »

Cynthia gravit les trois marches, et son pied foula un sol dallé; en même temps une porte se ferma derrière elle. Alors la mendiante lui dit :

« Vous pouvez ôter votre bandeau. »

Cynthia reconnut le lieu où elle se trouvait. C'était le petit salon où miss Ellen avait reçu Jean de France. Un large meuble garnissait en entier un des panneaux ; c'était une bibliothèque en bois de chêne surchargé de sculptures délicates, et garnies de livres. Cynthia regarda la mendiante, tandis que l'un de ses ravisseurs posait un flambeau sur la cheminée. La mendiante était une femme jeune encore, au teint bronzé par le soleil, et qui avait dû être d'une merveilleuse beauté. Cynthia devina en elle Daï-Natha l'Indienne. Quant aux deux hommes, ils lui étaient inconnus. Le flambeau allumé, les deux hommes sortirent.

La mendiante mit alors la main sur la clef qui fermait les deux ventaux vitrés de la bibliothèque. Ils s'ouvrirent, et Cynthia vit avec étonnement sa gardienne ôter un des nombreux volumes qui en garnissaient les rayons, puis passer sa main dans le vide que laissait ce volume. Alors les rayons tournèrent sur des gonds muets, comme avaient tourné les ventaux, et Cynthia, étonnée, aperçut une cavité noire et profonde pratiquée derrière les panneaux du fond de la bibliothèque. La mendiante lui prit la main et lui dit encore :

« Venez !

— Mais où me conduisez-vous ? demanda la pauvre mère.

— Voir votre fils, répondit la mendiante ; venez ! »

Et Daï-Natha serra le poignet délicat de

Cynthia qui, vaincue par la douleur, la
suivit sans résistance. La mendiante la fit
entrer dans cette cavité dissimulée par la
bibliothèque et qui était creusée dans un
mur épais ; puis elle pressa un ressort, et
l'obscurité se fit : la bibliothèque s'était refermée sur elles.

On eût fouillé la maison de fond en
comble qu'on n'eût jamais soupçonné que
deux personnes vivantes étaient cachées
dans ce réduit. La mendiante posa alors

son poignard sur la poitrine de Cynthia et lui dit :

« Tu vas voir ton fils tout à l'heure, mais garde-toi de faire un mouvement et de pousser un cri ! »

Elle pressa un nouveau ressort et un rayon lumineux vint frapper le visage de Cynthia. Deux volumes s'étaient écartés, au delà du panneau qui était percé d'un trou, et, à travers cette fente, Cynthia revit le petit salon éclairé par un candélabre placé sur la cheminée.

« Vraiment! murmura la bohémienne avec un accent d'effroi ; je ne sais ce que vous voulez faire de moi ; je vous répète que je n'ai pas de fils.

— Nous verrons bien, » ricana la mendiante.

Cynthia entendit un léger bruit : c'était la porte du petit salon qui s'ouvrait. Une femme apparut, rayonnante de jeunesse et de beauté. Cynthia reconnut cette splendide jeune fille, dans la calèche de laquelle elle était montée le jour de l'arrivée des dragons du roi. Miss Ellen entra rêveuse et le front incliné. Elle marcha vers une glace et rajusta coquettement, avec sa main blanche, les boucles ondées de sa noire chevelure.

« Ah ! dit-elle à mi-voix avec un accent mélancolique, il va donc venir ! »

Elle alla s'asseoir sur un divan, en face de la bibliothèque, de façon à être vue tout entière par Cynthia.

« Il va donc venir ! répéta-t-elle. Ah ! comme je l'aime... »

Et puis son front se couvrit d'un nuage.

« Pourvu qu'il ait reçu mon billet à temps, murmura-t-elle. Mon Dieu! s'il n'allait pas venir! »

Elle se leva, ouvrit la croisée et plongea sa tête dans l'air frais de la nuit.

« Rien! rien! dit-elle avec découragement; et l'heure du rendez-vous est passée. La Tamise est silencieuse; nul bruit de voiture sur la route. Oh! l'incertitude me glace d'effroi. »

Cynthia écoutait miss Ellen avec stupeur.

« Comment! pensait-elle, Jean de France prétend qu'elle est l'ennemie mortelle de Roger et elle l'aime! »

Tout à coup miss Ellen poussa un cri de joie.

« Le voilà! dit-elle. J'entends le bruit des avirons qui frappent l'eau. La barque a un fanal à sa poupe. Il est debout ; c'est lui ; je le reconnais! »

Et miss Ellen prit si bien l'attitude anxieuse et ravie de la femme qui attend son amant, que Cynthia fut convaincue.

« Jean de France s'est trompé, dit-elle ; miss Ellen aime mon fils. »

La mendiante, qui tenait sa main, sentit cette main trembler.

« Tu vois bien que tu es émue ; tu vois bien que c'est ton fils ! » murmura la mendiante à son oreille.

La bohémienne se roidit contre l'émotion poignante qui la brisait.

« Non ! non ! dit-elle, c'est faux, je n'ai pas de fils ! »

En ce moment, un homme s'appuya sur le rebord extérieur de la croisée.

C'était Roger; Roger souriant, ému, palpitant d'amour sous l'humide regard de miss Ellen; Roger mille fois plus beau que le jour où il était entré dans Londres, l'épée au poing, à cheval, à la tête de son régiment. La mendiante sentit Cynthia s'incliner sur son bras, à demi morte de joie et d'émotion.

« Ne bouge pas, ne crie pas, si tu veux vivre, » lui répéta-t-elle.

Cynthia ne répondit pas. Elle attachait, à travers la fente habilement ménagée dans la bibliothèque, un regard ardent sur son fils. Roger s'était incliné devant miss Ellen et lui baisait respectueusement la main.

« Mon bien-aimé Roger, lui dit miss Ellen de sa plus douce voix, me pardonnerez-vous d'avoir oublié jusqu'à ce point les convenances, de vous assigner un rendez-vous dans ce cottage ? Mais le danger était pressant; j'ai perdu la tête... »

Miss Ellen parlait d'une voix émue.

« Un danger ! s'écria Roger ; vous courez un danger ?

— Un danger qui nous menace tous deux.

— Mon Dieu !

— Savez-vous que j'ai failli être séparée de vous ?

— Ciel ! murmura Roger.

— Ah ! reprit miss Ellen, j'ai cru que j'allais mourir ce matin.

— Mais que vous est-il donc arrivé, mon Dieu ?

— Mon oncle a voulu nous séparer brusquement; car il a deviné que nous nous aimions.

— Mais il est venu chez moi il y a quelques heures, s'écria Roger.

— Je ne sais pas, dit miss Ellen avec une adorable naïveté; mais ce que je sais, mon ami, c'est qu'il avait arrangé un petit complot avec mistress Celia, la mère de Lionel. »

Roger pâlit; un flot de sang afflua à son cœur.

« Oh! ce Lionel, dit-il, cet homme que j'aimais comme un frère, je le hais maintenant. »

Miss Ellen leva les yeux au ciel.

« Il m'aime, dit-elle, et il se croit aimé... Pardonnez-lui.

— Mais.... ce complot ?

— Consistait à m'emmener en Ecosse, dans le château de mon oncle. Là, Lionel serait venu nous rejoindre et on nous aurait mariés. Depuis, j'ai conjuré le danger, reprit miss Ellen. Ainsi, rassurez-vous, je

ne partirai pas. Mais j'étais si bouleversée ;
je vous avais donné rendez-vous ici, ne
sachant où vous voir, et n'osant me ris-
quer à retourner chez vous, et alors... Oh !
pardonnez-moi, mon ami, car l'affection
est égoïste ; je n'ai pas osé vous écrire pour
contremander notre rendez-vous.

— Ainsi, vous ne partirez pas ?

— Non.

— Vous n'épouserez pas Lionel ?

— Oh! je vous le jure ! »

L'accent de miss Ellen était si naïf, si

éloquent, qu'il pénétra jusqu'au fond de l'âme de Cynthia.

« Jean de France m'a trompé, s'il ne s'est trompé lui-même, pensait la pauvre mère. Comme il l'aime! »

Mis Ellen reprit :

« Maintenant que je vous ai vu, mon ami; maintenant que je vous ai serré la main, ne compromettons point notre bonheur à venir par une nouvelle imprudence.

— Que voulez-vous dire ?

— Il est tard, il faut que je rentre à Londres. Que penserait mon oncle, quand il reviendra de son club, s'il ne me trouvait à l'hôtel.

— Comment! murmura Roger du ton d'un enfant boudeur, à qui on refuse un jouet, vous voulez que je parte à l'instant.

— Il le faut; mais, dit-elle, je vais partir avec vous. »

Il étouffa un cri de joie.

« Chut! dit-elle, nous ne sommes pas

seuls ici. J'ai une vieille gouvernante qui a été ma nourrice, et qui est devenue la gardienne de cette maison. Je viens la voir quelquefois et je garde ma barque ou ma voiture ; mais cette fois, ajouta-t-elle avec un charmant sourire, j'ai renvoyé mes gens et vous allez me reconduire dans votre embarcation. Vous savez que je vous ai dit, il y a deux jours, reprit-elle en posant un doigt sur ses lèvres, fiez-vous à moi.

— Oh! ce Lionel, murmura Roger, dont l'œil eut un éclair de haine.

— Je ne l'aime pas, répéta miss Ellen ; que craignez-vous ?

— Je crains que sir Robert ne vous force à lui obéir.

— Croyez-moi, dit miss Ellen, qui appuya sur ce mot, comme si j'étais votre mère.

— Ma mère! s'écria Roger, ma mère ; hélas! je ne l'ai jamais connue!

— Vous l'eussiez bien aimée, n'est-ce pas? demanda-t-elle d'une voix câline.

— Oh! murmura le jeune homme en

levant les yeux au ciel, comment pourrait-on ne pas aimer sa mère ? »

La mendiante entendit un soupir étouffé, et sentit un corps lourd qui s'affaissait sur elle. C'était Cynthia qui venait de s'évanouir.

CHAPITRE DOUZIEME

XII

Lorsque la reine des bohémiens rouvrit les yeux, elle n'était plus dans la cachette mystérieuse pratiquée au fond de la bibliothèque. L'Indienne l'avait transportée dans le petit salon et lui faisait respirer des sels pour lui faire reprendre connaissance.

« Eh bien! lui dit-elle lorsque Cynthia se fut, d'un regard, rendu compte du lieu où elle se trouvait, diras-tu encore que ce n'est pas ton fils ? »

Mais Cynthia redevint prudente et forte.

« Je n'ai pas de fils, répondit-elle d'une voix sourde.

— Alors pourquoi t'es-tu évanouie quand il a parlé de sa mère.

— Parce que j'ai songé à mon enfant qui est mort ! »

Daï-Natha haussa les épaules.

« Et puis, ajouta Cinthia, je manquais d'air, j'étouffais... »

Et comme la mendiante se taisait, Cinthia dit encore :

« Allez vous, maintenant, me rendre la liberté ?

— Non, certes !

— Pourquoi?

— Parce qu'il faut que tu voies miss Ellen.

— Qu'est-ce que miss Ellen ?

— C'est cette belle jeune fille qui aime ton fils. »

Cinthia tressaillit, car elle songea que miss Ellen, avertie de sa présence, avait fort bien pu jouer une comédie à son intention.

« Ah ! dit-elle, cette jeune fille veut me voir ?

— Oui, car elle veut mettre la main de ton fils dans la tienne. »

Cinthia ne sourcilla point.

« Je vous dis, répéta-t-elle, que ce n'est pas mon fils.. Comment voulez-vous qu'une pauvre femme comme moi ait pour fils ce brillant seigneur? »

L'Indienne secoua la tête et grommela entre ses dents :

« Elle est forte! on n'en tirera rien aujourd'hui

— Ainsi, demanda Cinthia, vous allez me garder ici ?

— Tant qu'il plaira à miss Ellen.

— Mais, dit Cinthia qui retrouvait peu à peu l'astuce de sa race, puisqu'elle veut me voir, pourquoi n'est-elle point restée ?

— Elle reviendra demain, » dit l'Indienne.

Cinthia, tout en parlant, examinait sa gardienne. Daï-Natha était vigoureusement taillée, mais Cinthia, elle aussi, était forte et elle avait de plus cette audace que donne la soif de la liberté.

« Si ces deux hommes qui m'ont enlevée n'étaient pas là, pensa-t-elle, j'engagerais une lutte corps à corps avec cette femme, et je finirais bien, malgré son poignard, par la terrasser; mais elle appellera à son secours, et ces hommes viendront.

— Ma bonne dame, reprit l'Indienne après un moment de silence, je vous engage à vous étendre sur ce divan; la nuit s'avance, il est onze heures du soir, et vous devez avoir besoin de repos. »

Cinthia obéit ; elle était décidée à dissimuler. Daï-Natha lui jeta une couverture sur le corps, et s'arrangea commodément dans un fauteuil, comme si elle eût voulu dormir aussi.

« Si elle s'endort, se disait Cinthia qui ferma les yeux, je lui sauterai à la gorge, je l'étranglerai avant qu'elle ait pu crier, et je me sauverai par cette croisée qui, je l'ai remarqué, s'ouvre sans bruit.

Mais un évènement imprévu vint déranger les projets de Cinthia. La porte s'ouvrit brusquement, et l'un des hommes qui avaient enlevé la bohémienne entra avec précipitation, courut au flambeau et l'éteignit.

« On est sur nos traces ! dit-il ; Joë vient de faire entendre le coup de sifflet convenu ; une barque descend la Tamise... Vite !

— Ah ! c'est Jean qui vient me délivrer !

s'écria Cinthia qui recouvra soudain toute son énergie. A moi ! à moi ! »

Mais le valet lui posa un mouchoir sur la bouche et l'enleva dans ses bras.

« Ils ne te trouveront pas ! » dit l'Indienne.

La bibliothèque s'ouvrit de nouveau, et la bohémienne fut emportée au fond de la cachette qui se referma soudain.

« Tiens-la bien ! Black, dit alors l'Indienne à mi-voix ; je vais lui faire une opération qui l'empêchera de crier. »

Cinthia eut un frisson de terreur en entendant ces sinistres paroles.

Le ravisseur avait posé sa large main sur la bouche de Cinthia ; mais Cinthia n'en poussait pas moins des cris étouffés. Un bruit du dehors était arrivé jusqu'à elle. Elle entendait retentir des pas et des voix, et l'une de ces voix, grave et puissante, lui parut être celle de Samson.

« Tiens-la bien ! tiens-la bien ! » répétait la mendiante.

Cinthia se débattait ; elle mordit la main

qui l'étouffait, dégagea un moment sa bouche du bâillon, et cria :

« A moi! Jean, à moi! »

Mais Black la serra alors à la gorge; en même temps la mendiante lui posa ses deux mains sur les tempes, Cinthia sentit que ces mains étaient humides.

« Je m'appelle Daï-Natha, dit-elle, et puisque tu es la sœur de Jean de France, de ce bandit qui a volé l'or du dieu Sivah, tu dois savoir qu'un jour, dans la caverne où je gardais le trésor, je lui fis boire une liqueur qui le paralysa. Je ne te ferai point boire, toi, car je veux que tu puisses entendre la voix de ceux qui te cherchent ; mais cette liqueur, en mouillant tes tempes, va t'empêcher de bouger et de crier. »

Et, en effet, Cinthia éprouva sur-le-champ une sensation bizarre, indéfinissable, surnaturelle ; il lui sembla que son cerveau se fondait dans sa tête, tandis qu'une vive lumière l'environnait ; elle sentit sa langue s'épaissir, sa gorge se crisper, tous ses membres se roidir. Une paralysie subite, effrayante, s'empara d'elle, et l'Indienne l'appuya, droite et rigide comme une statue, contre le mur.

« Ils peuvent venir maintenant ! » se dit-elle.

Cinthia était aussi immobile que si elle eût été morte ; elle n'avait conservé que l'ouïe et la vue, tout le reste de son corps était comme pétrifié

Cependant les voix et les pas approchaient. Cinthia ne s'était pas trompée :

c'était Jean de France et Samson qui venaient à sa recherche.

Un concours de circonstances fortuites avait mis Jean de France sur les traces de sa sœur. Après le départ de Bolton et de la bohémienne, Jean de France était rentré dans la chambre d'Elspy. La jeune fille blessée avait fini par s'endormir. Sa sœur Dinah, qui veillait au chevet, se pencha vers Jean de France et lui dit tout bas :

« Le docteur a recommandé qu'on n'éveillât point Sarah.

— Mais il faut lui faire prendre cette potion que Cinthia va rapporter.

— Oui, mais il ne faut pas l'éveiller avant.

Jean de France demeura plus d'une heure, le front baigné de sueur, le cœur plein d'angoisses, les yeux fixés sur la jeune fille endormie. Le sommeil d'Elspy était tranquille et régulier. Le temps s'écoulait cependant, et Cinthia ne revenait pas. Un vague pressentiment commençait à inquiéter Jean de France. Tout à coup

Samson entra, comme un ouragan, les yeux flamboyants, les vêtements en désordre, et s'écria :

« Où est Cinthia ? »

Ce mot fut un coup de foudre pour Jean.

« Elle est allée chez le chirurgien Bolton chercher un remède.

— Depuis quand est-elle partie ?

— Depuis plus d'une heure.

— On l'a enlevée ! s'écria Samson d'une voix qui éveilla Elspy en sursaut.

— Enlevée ! que veux-tu dire ?

— Je traversais le pont de Londres; une femme marchait devant moi ; une autre femme l'a abordée à l'entrée du Wapping et deux hommes sont accourus. J'ai entendu des cris étouffés et le bruit d'une lutte ; puis j'ai vu les deux hommes qui s'enfuyaient. J'ai couru après eux, mais ils avaient trop d'avance sur moi, et ils ont pu atteindre une voiture dans laquelle ils ont jeté cette femme. La voiture est partie comme un éclair ; j'ai couru, couru longtemps, mais les chevaux ont pris le galop, et j'ai perdu leurs traces. »

Jean poussa un cri de fureur, et le nom exécré de miss Ellen vint à ses lèvres. Comme il se levait, éperdu, la porte s'ouvrit de nouveau et Bolton entra.

« On a enlevé Cinthia ! lui dit Jean de France à qui la vue d'Elspy, pâle et défaite, faisait perdre la tête. Cinthia n'est point revenue ! »

Et son œil suppliant allait d'Elspy au docteur, et cet œil semblait dire :

« Mais si je m'en vais, si je cours à la recherche de Cinthia, Elspy va peut-être mourir! »

Bolton le comprit ; il attacha sur la jeune fille ce regard calme et profond du savant praticien qui sonde les secrets de la nature, il prit le bras de la malade, et constata que la fièvre était légère.

« Mon ami, dit-il à Jean de France, quelquefois une heure suffit pour décider la vie ou la mort. Je crois pouvoir répondre maintenant de cette chère enfant »

Jean de France poussa un cri de joie.

« Allez à la recherche de Cynthia et bénissez le hasard, continua Bolton, car le hasard a voulu que le marquis Roger fût absent de chez lui. Il m'a laissé un mot pour me prier de remettre son pansement à demain. Une affaire de service le forçait à sortir et à dîner hors de chez lui. »

Bolton s'installa au chevet d'Elspy. Jean et Samson s'élancèrent au dehors.

« Où as-tu perdu la voiture de vue? demanda Jean de France haletant.

— Au bout de la rue de l'Etoile, répondit Samson. Elle a tourné l'angle brusquement. »

Jean de France connaissait admirablement la topographie de Londres.

— Au bout de la rue de l'Étoile, dit-il, doit se trouver une ruelle dépavée et fangeuse qui conduit au quai. Dans cette ruelle, où ne passent pas trois voitures par an, nous retrouverons leurs traces. »

Ils se mirent à courir et arrivèrent à l'endroit désigné qui s'appelait la rue de l'Ancre. Sur le sol boueux et détrempé, à la lueur d'une lanterne, Jean de France aperçut les traces des roues. Il se mit à les suivre et ne tarda point à remarquer qu'elles se dirigeaient vers le quai. Ce fut un trait de lumière pour Jean de France.

« C'est miss Ellen, dit-il, miss Ellen est seule capable de ce coup hardi qu'elle seule avait intérêt à tenter. C'est à son cottage qu'ils ont dû conduire Cynthia. »

Et il dit à Samson :

« Cours détacher mon canot ; nous irons plus vite encore qu'avec une voiture. »

Dix minutes après Jean de France et Samson montaient dans leur canot. Mais il soufflait du sud-ouest un vent violent qui rendait l'usage de la voile impossible pour descendre le fleuve, tandis qu'il poussait vigoureusement les embarcations qui remontaient le courant. Jean et Samson furent contraints de prendre les avirons, et quelque énergie qu'ils déployèrent, ils mirent plus d'une heure avant d'apercevoir le cottage. Une grande yole gréée comme les tartanes de la Méditerranée passa près de leur embarcation, filant vent arrière.

Cette yole était montée par trois personnes et avait le cap sur Londres. Un matelot se tenait à la barre, un homme et une femme étaient assis à l'avant. L'homme et la femme causaient à voix basse, Jean et Samson croisèrent cette embarcation sans la remarquer. Ils avaient hâte d'arriver. D'ailleurs la nuit était noire et la brise faisait tourbillonner les deux fanaux qui se trouvèrent bord à bord l'espace d'une seconde. Si Jean avait regardé l'homme et la femme qui retournaient à Londres, il eût reconnu miss Ellen et le marquis Roger. Mais Jean ne les vit pas, il avait l'œil fixé sur l'horizon et appuyait avec rage sur ses avirons. Il n'entendit pas davantage un coup de sifflet lointain qui retentit sur la rive gauche de la Tamise. Enfin les murailles blanches de l'habitation d'été de miss Ellen se détachèrent sur le ciel sombre.

Aucune lumière ne filtrait à travers les persiennes closes. Un silence de mort régnait à l'intérieur.

« Il n'y a personne, murmura Jean de France avec désespoir, lorsqu'il sauta sur la berge.

— Attendez, dit Samson qui venait d'amarrer la yole, il me semble que j'ai entendu des cris étouffés. »

Tous deux marchèrent vers le cottage

et frappèrent rudement à la porte. Mais la porte resta close et nul ne répondit.

« Enfonçons la porte, dit Jean de France. Si miss Ellen s'y trouve, il faudra bien qu'elle me dise où est Cynthia. » Le géant appliqua son épaule contre la porte et lui imprima une secousse si vigoureuse qu'elle se détacha de ses gonds et tomba en dedans.

Jean qui avait armé ses pistolets s'assura que le long poignard placé dans sa ceinture jouait aisément dans sa gaîne.

Samson tira un briquet et une mèche et alluma une petite lanterne sourde, tous deux pénétrèrent alors dans le cottage. La maison était déserte. Il y régnait le plus grand ordre, et Jean et Samson eurent beau la parcourir en tous sens, ils n'y trouvèrent personne.

« Il m'a pourtant bien semblé, répéta Samson, que j'avais entendu... »

Jean haussa les épaules :

« C'était le bruit du vent dans les arbres, » dit-il.

Après avoir visité chaque pièce inutilement, ils revinrent dans le salon bleu. Cynthia, immobile et paralysée au fond de sa cachette, les entendit causer. Daï-Natha et le serviteur de miss Ellen blottis auprès d'elle retenaient leur haleine.

« Il faut pourtant que je retrouve Cinthia ! murmurait Jean de France qui frappait le parquet du pied avec une sourde colère.

— Mais, disait Samson, si réellement

c'est miss Ellen qui l'a fait enlever, il est certain qu'elle ne l'a pas amenée ici.

— Et cependant, murmura Jean, les traces de la voiture semblent l'indiquer. Il faut que je voie au dehors. »

Cinthia, derrière le panneau de la bibliothèque, faisait des efforts inouïs pour briser les liens mystérieux qui retenaient sa langue captive et serraient sa gorge. Jean de France alla vers la cheminée et examina avec soin les bougies des candélabres, puis il toucha les cendres du foyer.

La cire était encore tiède et il trouva des charbons allumés sous les cendres.

« Ils sont venus ici ! s'écria-t-il, et ils y étaient encore il y a quelques minutes ! »

Et il prit un flambeau, l'alluma et sortit du cottage, abritant la flamme avec ses doigts. Puis il se mit à explorer la terre humide et jeta un nouveau cri. Une empreinte de roues et le pied de deux chevaux étaient profondément imprimés sur le sol. Il rentra dans le salon où Samson frappait les murs de son poing. Partout les murs rendaient un son mat et plein.

Cinthia espérait toujours que la bibliothèque attirerait ses regards et qu'il devinerait le secret de la cachette. Mais cet espoir se changea en terreur, lorsqu'elle entendit le valet qui disait tout bas à Daï-Natha :

« Tu sais que j'ai l'ordre, s'ils nous découvrent, de tuer ce Jean de France.

— Oui, » répondit l'Indienne.

Alors Cynthia fit des vœux pour que ni Samson, ni Jean de France ne découvrissent leur retraite. Ceux ci étaient sortis de nouveau, puis ils avaient recommencé leurs infructueuses recherches. Enfin Samson qui avait, à son tour, examiné les traces de la voiture, exprima cette opinion :

« Il est possible qu'ils soient venus ici ; c'est même à peu près certain, mais ils n'y sont pas restés, car la voiture a tourné sur elle-même et est repartie.

— C'est juste, dit Jean de France.

— Si nous mettions le feu au cottage, »

dit encore Samson en approchant la flamme de la bougie des rideaux de la fenêtre.

Jean de France se consulta un instant :

« Non, dit-il, il ne faut pas mettre la police dans nos affaires.

— C'est juste, murmura le docile Samson.

— Il faut pourtant que je retrouve Cinthia ! s'écria Jean de nouveau, dussé-je aller la chercher chez sir Robert Walden. »

Ce mot frappa Samson.

« Mais c'est là qu'elle est sans doute, dit-il.

— Tu crois ?

— Hé ! fit le colosse ; ces gentilshommes sont si convaincus de l'inviolabilité de leurs demeures.

— Tu as raison, dit Jean de France, retournons à Londres et allons chez sir Robert Walden. »

Ils sortirent du salon et Cinthia commença à respirer. Elle les entendit refermer les portes; puis leurs voix se perdirent dans l'éloignement.

« Allons! murmura Black à l'oreille de Daï-Natha, ils n'auront pas notre prisonnière cette nuit... Mais le grand m'a fait tout de même une fière peur quand il a proposé à son camarade d'incendier la maison. »

les portes ; puis leurs voix se perdirent dans l'éloignement.

« Allons ! murmura Black à l'oreille de Dell-Natha, ils n'auront pas notre plantation cette nuit... Mais le grand m'a fait mal de venir me faire pour quand il a proposé à son camarade d'incendier la maison. »

CHAPITRE TREIZIEME

CHAPITRE TREIZIEME

XIII

Le vent avait tourné et la yole de Jean de France, poussée par une belle brise, remontait rapidement le courant. Jean, morne et silencieux, se tenait à l'avant roulant dans sa tête de terribles projets de vengeance.

« Je ferai mourir miss Ellen sous le fouet, murmurait-il Son corps de sirène ne sera plus qu'une plaie. Malheur à qui s'attaque à moi, malheur à qui trahit la cause des bohémiens !

— Maître, dit Samson, j'ai pourtant apposté par vos ordres, un des nôtres aux environs de l'hôtel de sir Robert Walden. Il doit avoir vu rentrer ou sortir miss Ellen.

— Quel est celui que tu as mis en sentinelle ?

— C'est Gotlieb, l'armurier.

— Gotlieb est un garçon vigilant, murmura Jean, et il devine tout de suite une chose importante au moindre indice.

— Gotlieb a dû passer la nuit dernière dans la petite ruelle sur laquelle donnent les jardins de l'hôtel, il a dû voir sortir miss Ellen.

— Pourquoi n'as-tu pas vu Gotlieb aujourd'hui.

— Je lui avais annoncé que j'irais le relever de sa faction vers huit heures. Mais vous savez ce qui est arrivé. —

— C'est juste, dit Jean de France. —

La yole filait comme une mouette sur les vagues terreuses de la Tamise. Bientôt les lanternes des quais trouèrent le brouillard de lueurs rougeâtres, et les deux bohémiens accostèrent la *Fowler* qui était amarré devant les bassins de la Compagnie des Indes, après avoir chargé un matelot de ramener la yole ils sautèrent sur le quai.

Une voiture de louage qui passait à vide les conduisit dans Fore-street. Une demi-heure après, ils entraient dans cette petite ruelle sur laquelle les jardins de l'hôtel Walden avaient une porte. Alors Samson, posant deux doigts sur sa bouche, fit entendre le cri de la chouette. A ce cri, un homme caché dans l'enfoncement d'une porte vint au-devant des deux bohémiens. Cet homme s'approcha sans bruit. Il portait des bottines de feutre comme les voleurs de la bande de Georges Price, et s'appuyait sur une longue canne de jonc.

« Est-ce toi, Gotlieb? demanda Samson.

— C'est moi, répondit le bohémien.

— Parle notre langue, dit Jean de France qui était demeuré derrière Samson.

« Le maître, dit-il.

— Parle, que sais-tu?

— La jeune fille est sortie hier; elle est montée dans une voiture, mais je n'avais pas ordre de la suivre.

— A quelle heure est-elle rentrée?

— A minuit.

— Et elle n'est pas ressortie?

— Non, mais elle a reçu une visite.

— A cette heure-là?

— Oui, un jeune homme dont je n'ai pu voir la figure, car il s'était couvert de son manteau, est venu, a tiré une clef de sa poche et est entré dans le jardin.

— C'est Lionel! pensa Jean de France. Est-il demeuré longtemps?

— Environ une heure. J'étais caché tout près de la porte quand il est sorti, et j'ai entendu la demoiselle qui lui disait :

« A demain !

— Et aujourd'hui, est-elle sortie ?

— Elle est sortie à midi, en voiture, par la grande porte de l'hôtel.

— A quelle heure est-elle rentrée ?

— Il y a une heure.

— Seule ?

— Seule.

— Et elle était en voiture ?

— Oui. »

Jean de France demeura rêveur un

instant, puis il dit à Gottlieb en lui prenant la canne qu'il avait jetée sous son bras gauche :

— C'est une canne-épée, semblable à celle que tu as montée pour moi ?

— Oui, maître.

Jean de France tira la poignée de la canne et fit siffler dans l'air une lame triangulaire en acier bruni.

« Tu en réponds ? dit-il, en la glissant dans la canne

— Comme de la lame qui tua le capitaine Maxwell.

— C'est bien, reprit Jean, je te la rendrai demain. Tu peux t'en aller maintenant. »

Et s'adressant à Samson, tandis que Gotlieb s'éloignait :

« Toi, dit-il, tu vas faire le tour, et tu demeureras sur le square, les yeux fixés sur la porte.

— Bien, maître. »

Jean de France avait tiré sa montre.

« Sir Robert Walden, se disait-il, ne rentre jamais de son club avant deux heures du matin : j'ai donc le temps. »

Puis il dit encore à Samson :

« Si tu voyais rentrer sir Robert, tu accourrais ici à toutes jambes, et, si je n'étais plus dans la ruelle, tu ferais entendre le cri de la chouette.

— Oui, maître, dit Samson.

Puis, avant de s'éloigner :

« Est-ce que vous allez pénétrer dans le jardin ?

— Peut-être.

— Alors, voulez-vous que j'enfonce la porte d'un coup d'épaule ? dit Samson qui prenait goût à cet exercice.

— Non, répondit Jean de France, en souriant : je vais avoir un autre moyen.

Et il se glissa sous le porche ténébreux, où, tout à l'heure, Gotlieb était embusqué. Samson disparut à l'angle de la ruelle. Alors le bohémien attendit en se disant :

« Il reviendra.

Et il se prit à songer :

« Miss Ellen veut devenir la femme de Roger, cependant l'homme qu'elle attend ne peut-être que le lieutenant Lionel ! Quel est donc son but, et pourquoi ménage-t-elle l'amour de ce jeune homme ? »

Jean de France, qui possédait bien des secrets et avait sondé bien des mystères déjà, n'avait point encore pénétré celui de la naissance de Lionel. Tout à coup un pas sec, mesuré, quoique assourdi, un pas militaire se fit entendre à l'extrémité de la ruelle. Jean demeura immobile, mais son œil perçant, qui défiait l'épaisseur des ténèbres, reconnut tout de suite la silhouette de Lionel. Il s'avançait avec précaution, regardant à droite et à gauche, en tournant parfois la tête pour voir s'il n'était point suivi. Au moment où il allait atteindre la petite porte du jardin de l'hôtel Walden, Jean de France, immobile jusque-là comme une statue, fit trois pas en avant et se plaça entre la porte et lui. Surpris par cette brusque apparition, Lionel recula et porta la main à la garde de son épée.

« Un mot, s'il vous plaît, mon gentilhomme, » dit Jean de France qui s'était posé un masque sur le visage.

La vie aventureuse du roi des bohémiens l'obligeant souvent à cacher sa figure, il avait toujours dans sa poche un loup de velours. Mais à travers les trous de ce loup, Lionel vit luire deux prunelles ardentes. Lionel était brave : il l'avait suffisamment prouvé.

» Au large! dit-il.

— Pardon, dit Jean de France qui ne

bougea pas, j'ai à vous parler, mon gentil-homme.

— A moi?

— A vous, le lieutenant Lionel.

— Si c'est à ma bourse que vous en voulez, l'ami, je vous préviens que vous n'aurez pas la main heureuse ce soir ; mais, comme je suis pressé, je ne me donnerai pas la peine de défendre ce trésor. »

Et il jeta sa bourse aux pieds du bohémien.

« Bah ! fit Jean d'une voix railleuse, miss

Ellen vous attendra bien un quart d'heure ! »

Cette réponse fit bondir Lionel :

« Qui donc êtes-vous ? fit-il avec colère, vous qui vous permettez de me parler ainsi ?

— Je suis un homme qui veux vous donner un bon conseil.

— Bon ou mauvais, je n'ai pas l'habitude d'en recevoir de gens qui cachent leur visage.

— Vous avez tort, gentleman : un bon conseil n'est jamais à dédaigner.

— Eh bien ! voyons le vôtre ? murmura Lionel qui commençait à perdre patience.

— Vous avez dans votre poche une clé qui ouvre cette porte : prêtez-là-moi, et allez vous coucher bien chaudement ; je vous promets de vous la renvoyer demain matin, par mon domestique.

— Monsieur, répondit Lionel en dégainant, il me répugne beaucoup de vous passer cette épée au travers du corps, parce que vous êtes désarmé, mais...

— Mais, acheva Jean en tirant le carrelet d'acier de sa canne, si vous aviez une épée, je vous ferais l'honneur de me couper la gorge avec vous sous la lanterne de cette taverne... Est-ce cela que vous vouliez dire ?

— Monsieur, dit Lionel qui avait repris tout son sang-froid, vous avez beaucoup d'esprit, et je commence à croire que je vais tuer quelque chose. »

Jean se fit une dragonne de son mouchoir qu'il entortilla autour de la poignée de son épée pour l'empêcher de glisser.

Ils gagnèrent le bout de la ruelle, et tombèrent en garde sous la lanterne.

« Monsieur, dit Lionel, veuillez, je vous prie, ôter ce masque qui vous fait ressembler à l'arlequin du théâtre Adelphi.

— Je suis vraiment désolé de vous refuser cette satisfaction, mais j'ai la peau fort délicate, et le brouillard de nuit pourrait me gercer le visage.

— Alors, fit Lionel en attaquant son adversaire, je vais tâcher de vous tuer sans gâter les roses de votre teint.

— Moi, monsieur, répondit Jean de France, je suis plus modeste dans mes goûts.

— Vraiment? »

Les deux lames grincèrent dans l'ombre pendant une minute. Lionel attaquait avec fureur, mais son épée rencontrait toujours le carrelet qui se liait autour d'elle comme une couleuvre. Les deux adversaires ferraillèrent encore pendant quelques secondes. Lionel haletait de colère et de fatigue.

Jean de France reprit avec une froide ironie :

« Je n'ai pour vous aucun sentiment de haine, et Dieu m'est témoin que, si je n'avais un besoin impérieux de cette clef que vous avez dans votre poche, je ne croiserais point le fer avec vous ; mais je ne veux pas vous tuer. Je vais me contenter de vous donner un petit coup d'épée dont j'ai le secret, qui, sans danger aucun, ne vous laissera évanoui qu'une demi-heure, juste le temps dont j'ai besoin.

— Ah! c'est trop d'insolence! » s'écria Lionel exaspéré par cette dernière bravade de son adversaire, et, oubliant toute prudence, il précipita ses attaques, marchant toujours sur le bohémien qui rompait prudemment. Trois secondes après, Lionel jeta un léger cri, son épée lui échappa des mains, et il tomba à la renverse sur le sol.

« Pauvre garçon! » murmura Jean de France en essuyant son carrelet sur son mouchoir et en le glissant ensuite dans la canne. Il se pencha sur le jeune capitaine, le fouilla et trouva la clé de la porte du jardin.

« A miss Ellen, maintenant! dit-il. Le compte sera plus long à régler. »

CHAPITRE QUATORZIEME

XIV

Miss Ellen était revenue avec le marquis Roger. Pendant le trajet, elle avait échangé avec lui les plus deux serments; mais la perfide jeune fille, tout en apaisant sa colère, n'avait point manqué de lui laisser entendre qu'il avait un ennemi dans sir Robert Walden. En arrivant à Londres, le marquis l'avait fait monter dans une voiture et s'était séparé d'elle, après avoir obtenu la promesse d'un rendez-vous prochain. Miss Ellen était arrivée à l'hôtel Walden un peu avant minuit. Elle s'était déshabillée et avait revêtu un joli peignoir de couleur sombre, enveloppé sa tête dans un capuchon de cachemire et chaussé ses pieds délicats de petites babouches turques. Après quoi, elle passa à sa ceinture un mignon petit poignard à manche de nacre et à lame triangulaire, présent de l'Indienne Daï-Natha, et dont elle ne se séparait plus depuis qu'elle avait engagé la lutte avec Jean de France. Miss Ellen était prudente. Elle savait bien qu'elle jouait sa vie à chaque instant, avec un adversaire tel qu'Osmany; mais elle avait le courage que donne une ambition sans frein.

Miss Ellen abhorrait Jean de France et s'était juré qu'il périrait de sa main tôt ou tard. La pupille de sir Robert descendit au jardin. L'heure du rendez-vous approchait. Les jardins de l'hôtel Walden étaient vastes, plantés d'arbres centenaires, et ornés, vers le milieu, d'une grotte artificielle et d'une petite cascade. La grotte était assez profonde et servait d'antichambre à un souterrain sur la destination duquel les différents propriétaires de l'hôtel n'avaient jamais été d'accord.

L'hôtel était une vieille construction qui remontait au temps de Cromwell et de la révolution anglaise. Selon la tradition cette demeure avait abrité un des plus fidèles et des plus fougueux partisans de la royauté. Proscrit, cet homme avait pris la fuite, puis il était revenu déguisé en mendiant et était rentré dans son hôtel. C'était lui qui avait fait creuser ce souterrain dont l'entrée était dissimulée par un bloc de granit, lequel tournait sur des gonds invisibles, comme une véritable porte lorsqu'on exerçait une forte pression sur un des galets qui pavaient le sol. Quand le bloc était déplacé, on apercevait un trou noir, d'où montait un air humide et malsain. C'était le souterrain, creusé en forme de puits et dans lequel on descendait au moyen d'une échelle. Lord Shaffstesbury, c'était le nom du royaliste, avait caché là des armes, des munitions de guerre, des papiers compromettants, et il s'y était réfugié lui-même. Après sa mort, quand les Stuarts rentrèrent, l'hôtel fut acheté par un des ancêtres de sir Robert Walden, et depuis il avait toujours appartenu à la famille. Il y avait près de soixante ans que l'existence du souterrain était oubliée. Sir Robert Walden ne l'avait découvert que par hasard, un jour qu'il faisait réparer la grotte pour en faire un salon de verdure destiné à servir de retraite à sa chère miss Ellen durant les chaudes journées d'été.

Ils avaient eu la fantaisie de se faire descendre dans le puits. En remontant, miss Ellen dit à son oncle :

« Il faut réparer les charnières du bloc de granit.

— A quoi bon? fit le baronnet.

— Bah! dit l'excentrique jeune fille, sait-on si nous n'aurons pas quelque révolution nouvelle. »

Les désirs de miss Ellen étaient toujours des ordres pour sir Robert. Le gentleman avait fait restaurer l'oubliette, ni plus ni moins que s'il se fût agi d'un *dessous* de théâtre devant servir à la représentation de quelque féerie.

Or, ce soir-là, en descendant au jardin pour y recevoir Lionel, miss Ellen passa auprès de la grotte.

La cascade faisait entendre son clapotement monotone. La nuit était calme et silencieuse. Tout dormait dans l'hôtel, à l'exception du valet de chambre de sir Robert Walden, qui attendait, en bâillant, que son maître revînt du club. Miss Ellen se souvint de l'oubliette, et se dit :

« C'est là qu'il faudrait mettre Cinthia. »

Puis elle continua son chemin par l'allée ombreuse qui conduisait à la petite porte. Elle entendit alors un léger bruit, et s'arrêta. C'était la porte qui s'ouvrait et qu'on refermait avec précaution.

« Il est d'une exactitude merveilleuse, le futur marquis d'Asburthon, » pensa miss Ellen dont les lèvres eurent un sourire moqueur.

Un homme s'avançait, enveloppé dans son manteau. Miss Ellen crut devoir s'arrêter et attendre son nocturne visiteur. Cependant celui-ci avança lentement, tournant la tête à droite et à gauche et cherchant à s'orienter. Cette manœuvre parut singulière à miss Ellen. Lionel connaissait si bien les êtres de l'hôtel et du jardin

« Est-ce vous, Lionel? » dit-elle à mi-voix.

L'homme au manteau marcha alors résolument vers elle. A trois pas de distance il s'arrêta.

« C'est moi ! » dit-il.

Miss Ellen jeta un cri d'épouvante ; elle avait reconnu la voix de Jean de France.

D'abord elle voulut fuir et appeler à son secours, mais cette pensée fut plus rapide qu'un éclair. Elle demeura immobile et attendit son ennemi.

« Approchez donc ! dit-elle, je vous attendais. »

Et sa voix passa soudain de l'émotion à une inflexion railleuse. Jean de France fit les trois pas qui le séparaient de la jeune fille, et lui posa la main sur l'épaule. Miss Ellen ne sourcilla point, elle ne fit pas un mouvement de retraite, seulement sa main droite carressa le manche du poignard qu'elle avait caché sous les plis flottants de sa robe. Jean dardait sur elle l'ardent rayon de ses yeux.

« Si vous venez pour m'assassiner, lui dit froidement miss Ellen, l'occasion est belle, Jean. Mon oncle est absent et les domestiques sont couchés. »

Le roi des bohémiens s'était attendu à de la terreur; ce sang-froid le déconcerta.

« C'est selon, dit-il.

— Ah! vous n'êtes pas encore décidé? Eh bien! causons. Venez-vous m'apporter des nouvelles de la belle Elspy? »

Un éclair de haine jaillit des yeux de Jean de France; mais les paroles de miss Ellen, ces paroles moqueuses qui étaient une provocation, eurent pour résultat de lui rappeler le vœu d'Elspy : « Ne la tue pas, Jean, avait dit la jeune bohémienne. C'est moi qui m'en chargerai. »

Et Jean se souvenait que Bolton répondait maintenant de la vie de son amie.

« Miss Ellen, dit-il gravement, j'ai fait le serment de ne pas vous tuer ; il dépend de vous que je ne viole pas ce serment. »

Miss Ellen se disait :

« Lionel va venir, il tuera Jean de France et je serai délivrée ! gagnons du temps. »

Et elle répondit :

« Je vous ai offert la paix, vous avez voulu la guerre.

Elle jetait en parlant ainsi, un regard

furtif sur la petite porte du jardin. Jean de France comprit ce regard.

« Si vous attendez Lionel, dit-il, vous l'attendrez en vain, miss Ellen. Lionel ne viendra pas, car c'est avec sa clef que j'ai pu pénétrer ici.

Une goutte de sueur perla au front de miss Ellen.

« Est-ce que vous l'auriez tué? s'écria-t-elle, perdant un peu de son calme.

— Non, dit Jean de France, mais par le sang de notre race, je vous jure qu'il ne viendra pas ! Ainsi ne comptez pas sur lui. »

Miss Ellen retrouva toute sa présence d'esprit.

« Eh bien ! dit-elle, que me voulez-vous ?

— Je veux que vous me rendiez Cinthia, dit Jean dont l'œil flamboyait.

— Cinthia ! dit miss Ellen. Qu'est-ce que Cinthia.

— Oh ! ne raillons pas et hâtons-nous ! je suis pressé.

— Alors, veuillez vous expliquer.

— Vous avez fait enlever ma sœur Cinthia ce soir.

— Moi. »

Et dans ce seul mot, la pupille de sir Robert Walden sut mettre un tel accent d'étonnement, que la conviction de Jean en fut ébranlée. Cependant il continua :

« Vous avez fait enlever Cinthia. La voiture dans laquelle on l'a placée est allée à votre cottage. J'ai fouillé le cottage.

— Et vous n'avez trouvé personne?

— Personne. Cinthia est ici.

— Je ne sais ce que vous voulez dire. »

Mais Jean était tenace, il jeta ses deux mains autour du cou de miss Ellen.

« Eh bien! dit-il tant pis si je me trompe, tant pis si je fais la besogne de Elspy. »

Et il étreignit le cou blanc et souple de miss Ellen.

« Vois-tu, dit-il avec colère, pour se débarrasser d'une vipère telle que toi, Topsy il n'est nul besoin de poignard, il suffit de l'étouffer. »

Miss Ellen tenait déjà son stylet dans sa main et cherchait la place où elle frapperait Jean, et cependant elle remit le stylet à sa ceinture sans que Jean de France eût remarqué ce mouvement, et elle balbutia d'une voix éteinte le mot de grâce!

Le roi des bohémiens eut un frisson de dégoût, il repoussa la bohémienne et lui dit d'une voix sourde.

« Parle, alors.

— Jean, dit-elle avec un accent suppliant, je suis en votre pouvoir, je ne puis vous échapper et ma vie est entre vos mains. Je vous obéirai, je parlerai, je vous dirai où est Cinthia. »

Le visage de la jeune fille exprimait si

bien la terreur, que Jean de France s'y trompa.

« Tu conviens donc d'avoir fait enlever Cinthia?

— Ce n'est pas moi, c'est sir Robert Walden.

— Mais tu es sa complice ?

— Oui.

— Alors, tu sais où elle est ?

— Oui.

— Eh bien ! dis-le moi.

— Je vous le dirai, Jean continua miss

Elle, d'une voix de plus en plus suppliante, mais vous aurez pitié de moi, vous me sauverez de la colère de sir Robert Walden. »

Ces derniers mots étonnèrent Jean de France.

« Ecoutez, continua-t-elle, j'ai voulu lutter contre vous tous, mais je vois bien que la lutte est au dessus de mes forces. Je m'avoue vaincue. Seulement en voulant vous faire du mal, je m'en suis fait à moi-même, car j'ai tout appris à sir Robert,

Je lui ai dit que vous étiez un bohémien comme moi, que Roger était un bohémien, et sir Robert a fait de moi un instrument. Si je vous livre Cinthia, sir Robert que j'aurai trahi me chassera ! »

Des larmes coulaient de ses beaux yeux, tandis qu'elle parlait ainsi. Malgré son astuce et sa clairvoyance, Jean de France fut dupe de cette douleur. Il crut voir, en effet cette jeune fille, élevée dans le grand monde, chassée tout à coup de la maison où elle avait passé sa jeunesse, flétrie du nom de bohémienne et réduite à une position humiliante et misérable.

« Eh bien! dit-il, cédant à sa nature généreuse, si tu es chassée par sir Robert, nous t'accueillerons, nous que tu as reniés. »

Miss Ellen secoua la tête.

« Ah! vous ne savez pas, dit-elle, ce que c'est, Jean, que d'avoir vécu jusqu'ici comme une héritière. J'ai lutté contre vous je me repens, j'ai voulu devenir la femme de Roger, je me repens, mais ne me perdez pas, ayez pitié de moi ! Je n'entreprendrai plus rien contre vous.

— Il me faut pourtant Cinthia, où donc est-elle.

— Elle est ici, dit miss Ellen. Eh bien vous avez une armée mystérieuse à votre service. Ralliez-la, escaladez ces murs, faites le siège de l'hôtel : vous la retrouverez et sir Robert ne m'accusera point de l'avoir livrée.

— Où est Cinthia ? reprit le bohémien

d'une voix impérieuse. Il me la faut! Parle ou sinon, malheur à toi, Topsy. »

La bohémienne sut amener sur son visage les teintes livides de l'épouvante.

« Ah! dit elle, mieux vaut encore vivre misérable et vagabonde que mourir à vingt-deux ans. Venez, je vais vous montrer l'endroit où elle est enfermée.

— Marche devant moi, ordonna Jean de France; si tu as le malheur de pousser un cri, songe que ce sera le dernier, car je t'aurai poignardée avant que tu n'aies poussé le second. »

Miss Ellen leva sur lui ses yeux noyés de larmes.

« Hélas! dit-elle, je suis trop punie ; je ne songe plus à résister! »

Et elle se dirigea vers la grotte qui se trouvait située à l'autre extrémité du jardin. Jean de France la suivait à un pas de distance. Lorsqu'elle fut sur le seuil, elle se retourna :

« Jean, dit-elle, au moins me ferez-vous une grâce.

— Parle.

— Quand je vous aurez rendu Cinthia vous me garotterez les pieds et les mains et vous me mettrez un bâillon dans la bouche. Au moins sir Robert croira-t-il que je n'ai cédé qu'à la violence.

— Soit, dit Jean de France, je te le promets. »

L'entrée de la grotte était assez sombre.

« Où donc me conduis-tu ? demanda Jean qui eut un mouvement de défiance.

— Ecoutez, dit miss Ellen, il y a au

fond de cette grotte une chambre spacieuse qui n'est connue que de sir Robert et de moi. C'est là que nous avons enfermé Cinthia. Un seul domestique est dans la confidence. Prenez ma main et suivez-moi. Quand nous serons entrés nous nous procurerons de la lumière. Avez-vous un briquet.

— Oui, dit Jean de France. »

La jeune fille le prit par la main et il se laissa entraîner. Mais il tenait toujours son poignard, prêt à frapper à la moindre surprise. Lorsqu'ils furent dans la grotte, miss Ellen s'arrêta,

« C'est ici » dit-elle.

Jean de France lui tendit sa mèche soufrée et son briquet.

La mèche allumée, le roi des bohémiens jeta un regard rapide autour de lui. La grotte était vide et on ne voyait aucune porte.

« T'es-tu donc moquée de moi ? dit-il en regardant miss Ellen.

— Vous allez voir le contraire, lui dit-elle, Regardez ce bloc de granit qui se trouve au fond de la grotte. Eh bien! ce bloc cache l'entrée de la salle souterraine, où Cinthia est enfermée. Mais je ne suis pas assez forte pour faire tourner ce rocher sur le pivot sur lequel il repose. Il nous faudrait l'épaule de Samson.

— Bah! dit Jean de France, je suis robuste, moi aussi. »

Et il s'arc-bouta contre le bloc.

« Poussez fort! » dit miss E'len qui l'éclairait avec la mèche.

Jean de France avait pris son poignard aux dents, et il avait les yeux fixés sur miss Ellen, les épaules appuyées contre le roc.

« Allons, courage! » répéta miss Ellen.

Jean qui s'attendait à une résistance énorme, donna un vigoureux coup d'épaule, mais soudain le bloc de granit tourna brusquement comme s'il eût couru sur des rainures soigneusement graissées, et Jean de France, perdant son équilibre, tomba la tête la première dans le gouffre qui venait de s'entr'ouvrir.

Miss Ellen entendit un cri terrible, une imprécation de mort qui montait du fond de l'abîme, puis le bloc, obéissant à l'ingénieux mécanisme inventé par lord Shafftesbury, reprit sa place accoutumée. Alors la bohémienne éteignit la mèche, et sortit tranquillement de la grotte en se disant :

« Si Jean de France ne s'est pas tué en tombant, il mourra certainement de faim d'ici à trois jours. »

CHAPITRE QUINZIÈME

XV

Cependant, Samson demeurait en observation sur le square, caché derrière un arbre et ne perdant point de vue la porte principale de l'hôtel Walden. Une heure s'écoula. Le bruit d'une voiture se fit entendre et bientôt le colosse reconnut la livrée du baronnet. Le cocher demanda la porte et la voiture disparut de l'autre côté de la grille. Alors Samson courut à la ruelle et fit entendre son cri de chouette. Puis il attendit. Jean de France ne répondit pas.

« Il est sans doute dans l'intérieur de l'hôtel, » pensa Samson, dont l'intelligence ne se rendait pas bien compte du moyen employé par Jean de France pour pénétrer dans le jardin, du moment où il avait refusé l'assistance de son épaule pour enfoncer la porte.

Samson se mit à se promener de long en large. Le géant, on le sait, était doué d'une patience à toute épreuve, et il se promena pendant plus d'une heure, attendant toujours Jean de France qui ne revenait pas. Tout à coup, son pied heurta un objet noirâtre qui gisait sur le sol. Samson s'arrêta et reconnut qu'il avait affaire à un homme ivre ou à un cadavre. Il se pencha frémissant, craignant que ce ne fût Jean de France, mais il eut bientôt reconnu Lionel. Lionel perdait son sang goutte à goutte, et il était toujours sans mouvement. Samson lui posa la main sur la poitrine. Il vivait encore. Le colosse avait un cœur d'or, il ne se demanda point tout d'abord pourquoi Lionel était là sanglant et inanimé; il ne se dit point que peut-être c'était l'œuvre de Jean de France, et qu'il devait respecter les volontés du maître. Il chargea Lionel sur ses épaules et se mit à courir dans la direction de Saint-Gilles où il y avait un poste de soldats et de watchmen.

Le poids d'un homme sur ses épaules, n'empêchait point Samson de courir, il atteignit le poste en quelques minutes, y fit une entrée bruyante et déposa le corps Lionel sur un lit de camp,

« Voilà un homme que je viens de trouver dans la rue, il vit encore, soignez-le, dit-il, c'est votre devoir.

Et il se sauva avant qu'on eût songé à le retenir pour lui demander des explications. Quand on voulut courir après lui, il était déjà loin et regagnait son poste. Mais il eut beau répéter son cri de chouette, aucun cri semblable ne lui répondit, et la petite porte du jardin resta close. Alors Samson s'imagina que Jean de France était sorti pendant qu'il emportait Lionel au poste des gardiens de nuit, et il prit le parti de retourner au Wapping, espérant le retrouver au chevet d'Elspy. Bolton et Dinah s'y trouvaient seuls, en proie à une vive anxiété.

« Où est le maître? demanda Samson en entrant.

— Nous ne l'avons pas vu, » répondit Bolton.

Samson raconta alors leur expédition dans tous ses détails. Bolton l'écoutait avec un étonnement mêlé d'inquiétude. Quand Samson eut fini, Bolton s'écria :

« Si demain, au point du jour, Jean n'a point reparu, j'irai chez sir Robert Walden, et il faudra bien qu'il me dise ce que Jean est devenu. »

Mais Samson avait une foi robuste dans la force, l'adresse et les ressources infinies du roi des bohémiens.

« Oh! ne craignez rien, dit-il, Jean reviendra! »

Le lendemain, en effet, au point du jour, comme Elspy s'éveillait après avoir passé une nuit fort calme qui mettait ses jours hors de danger, Bolton, après avoir donné à Dinah des instructions pour la journée, prit son manteau et se disposa à se rendre chez sir Robert Walden. Le brave chirurgien était disposé à se porter aux plus violentes extrémités pour savoir ce qu'était devenu Jean de France ; mais au moment où il allait sortir, on frappa à la porte.

« Qui est là ? » demanda Samson qui se mit à la croisée.

Il vit un inconnu qui déposait un papier sous la porte et lui criait en bohémien :

« Voilà pour toi ! »

Puis il prit la fuite, avant que Samson eût pu voir son visage et reconnaître en lui un de ses frères de la tribu. Samson

descendit, prit le papier qui était plié
d'une certaine façon usitée parmi les bohémiens, et y jeta les yeux. Le papier contenait ces deux lignes en zingari :

« Ne me cherchez pas et attendez-moi
patiemment cinq ou six jours. Tout va
bien. »

Le papier sur lequel ces mots étaient
tracés, Samson le remarqma, avait été arraché au carnet que Jean de France portait ordinairement sur lui ; en outre, le
colosse reconnut parfaitement l'écriture du

roi des bohémiens. Il remonta tout joyeux auprès de Bolton et lui traduisit le billet. Bolton respira, puis il se perdit en conjectures sur cette absence inattendue que faisait Jean de France ; mais ni Samson ni lui ne soupçonnèrent un seul instant que ce n'était pas la main du roi des bohémiens qui avait tracé ces trois lignes.

. . . .

Voyons maintenant comment miss Ellen avait achevé cette nuit féconde en émotions tragiques. Lorsqu'elle fut hors de la grotte qui allait servir de tombeau à Jean de France, la belle gitane songea à Lionel. Pourquoi n'était-il point venu? Comment Jean de France s'était-il procuré la clef qu'elle avait remise à Lionel? Ces deux questions paraissaient insolubles en admettant la véracité des paroles de Jean de France : « Rassurez-vous, je n'ai pas tué Lionel. » Mais s'il ne l'avait pas tué, comment Lionel avait-il pu lui remettre cette clef?... La première pensée de miss Ellen fut de courir à la ruelle et de l'explorer, mais la prudence l'en empêcha.

Evidemment, Jean de France, dans l'éventualité de quelque coup de main à tenter, avait dû placer ses gens dans les environs de l'hôtel, et principalement dans la ruelle. La crainte de tomber en leur pouvoir lui fit rebrousser chemin. Mais comme elle revenait sur ses pas, son pied heurta un petit objet qui gisait sur le sol. Miss Ellen se baissa et reconnut un carnet. C'était Jean de France qui l'avait laissé tomber de sa poche, tandis qu'il saisissait miss Ellen à la gorge et la sommait de lui dire où était Cynthia.

Miss Ellen s'empara du carnet, retourna vers l'hôtel sans lumière, et remonta dans sa chambre sans faire aucun bruit. Là, elle ralluma une bougie et se prit à examiner le carnet du roi des bohémiens. Il contenait quelques mots au crayon, en zingari, la langue maternelle de Topsy, et qu'elle n'avait jamais oubliée; elle put donc déchiffrer les caractères bizarres tracés sur ces feuilles; mais ces mots se rapportaient à des affaires étrangères au marquis Roger, et lui parurent n'avoir aucun intérêt pour elle. Seulement elle étudia patiemment l'écriture allongée et ferme de Jean de France et, s'emparant du crayon, elle prit une feuille de papier et se mit à imiter cette écriture, avec la patience et la ténacité d'un faussaire.

Au bout d'une heure, elle arracha une feuille blanche du carnet et y écrivit d'une main sûre le billet que nous avons vu parvenir à Samson. Après quoi elle se mit au lit, un peu inquiète sur le sort de Lionel, mais la joie au cœur en pensant que Jean de France était désormais en son pouvoir.

Le lendemain, un peu avant le jour, miss Ellen se leva sans bruit et alla éveiller un des deux domestiques que sir Robert Walden avait mis à sa disposition. Cet homme était rentré fort tard dans la nuit, après avoir laissé l'Indienne Daï-Natha et le valet Black au cottage, où ils devaient garder Cynthia prisonnière.

« Joë, lui dit miss Ellen, as-tu une bonne mémoire?

— Excellente.

— Retiendras-tu bien les trois mots que je vais te dire?

— Je l'espère, miss.

— Ecoute, alors. »

Et miss Ellen prononça ces trois mots :

« Maïde evoy banty. »

— *Maïde evoy banty!* répéta Joë.

— Ecris-les, si tu crains de ne point t'en souvenir.

— Oh! c'est inutile, miss.

— Cela veut dire, reprit miss Ellen, dans la langue des bohémiens : *Voilà pour vous.*

— Ah! dit Joë, c'est une langue singulière celle-là.

— Tu connais la maison du Wapping?

— Là où était Cynthia? oui.

— Tu vas y aller, tu frapperas, puis tu placeras ce papier sous la porte, en disant les trois mots que je viens de t'apprendre; après quoi tu te sauveras à toutes jambes, et tu auras bien soin qu'on ne voie pas ton visage. »

Joë s'inclina et partit. Tandis qu'il s'acquittait de son message, assez habilement pour faire croire à Samson qu'il avait eu affaire à un vrai bohémien, sir Robert Walden fit prier sa nièce de vouloir bien le recevoir.

« Ah ! se dit miss Ellen, s'il a suivi mes instructions de point en point, avant trois jours tout Londres saura que Roger est le fils d'une bohémienne. »

Sir Robert entra chez sa pupille d'un air souriant.

« Eh bien ! dit-il, tout est allé pour le mieux cette nuit ?

— De mon côté, du moins, dit miss Ellen. Nous tenons Cynthia.

— Ah ! dit sir Robert d'un air indifférent.

— Et vous mon oncle, qu'avez-vous fait ?

— J'ai invité à dîner les trois personnages que tu m'a désignés, c'est-à-dire sir

Arthur Rood, sir Albéric Berny et sir Edward Johnson.

— Avez-vous vu le marquis ?

— Il est venu au club vers une heure du matin.

— Bien.

— J'avais amené la conversation sur le fameux club de l'*Hermine*, cette association mystérieuse qui ressemble un peu au tribunal secret de la fashion.

— Qu'a dit le marquis ?

— Il a prétendu que ce club n'existait

pas. On s'est regardé, quelques personnes ont souri ; alors le marquis s'est écrié : « Eh bien ! messieurs, si le club de l'*Hermine* existe, j'en veux faire partie ! »

— Victoire ! s'écria miss Ellen.

— Maintenant, dit sir Robert Walden, que j'ai fais ce que tu as voulu, vas-tu m'expliquer ce qui arrivera ?

— Non, mon oncle.

— Ah! vraiment? fit sir Robert tu gardes tes secrets?

— Oui ; seulement, je vous ai promis

de vous prouver, à vous et à lady Cecily, que Roger était le fils de Cynthia, et je vous le prouverai !

— Quand ?

— Demain soir probablement ; et vous ne serez pas les seuls à le savoir.

— Ah! dit sir Robert, qui donc encore?

— Toute la fashion anglaise. »

Sir Robert fronça le sourcil.

« Mais, dit-il, ne vaudrait-il pas mieux éviter un scandale ?

— Ce scandale est nécessaire.

— Pourquoi ?

— Mais parce que Roger ne conséntira jamais à se dépouiller.

— Il est loyal, cependant. »

Miss Ellen eut un sourire ironique.

« On ne descend pas ainsi, dit-elle, d'un fauteuil de pair d'Angleterre ; et puis, ajouta miss Ellen, vous savez bien que lady Cecily se refuse à croire que Roger n'est pas son fils.

— C'est juste ! » dit sir Robert, résigné à se confier au génie machiavélique de miss Ellen.

CHAPITRE SEIZIEME

XVI

Vers dix heures, le chirurgien Bolton se présenta chez le marquis d'Asburthon. Il était déjà venu le matin, mais on lui avait dit que le marquis dormait et ne pouvait le recevoir. Cette fois, Bolton trouva Roger assis dans son fauteuil, le visage souriant, une expression de mystérieux bonheur se lisait dans ses yeux. Bolton venait s'assurer des progrès opérés par le remède de Josué. Roger mit son bras à nu. La compresse avait produit une enflure légère, mais elle avait fait disparaître complétement le signe des bohémiens. Tandis que Bolton enlevait l'appareil, Roger lui dit :

« Avez-vous entendu parler du club de l'*Hermine*?

— Jamais répondit le chirurgien. Qu'est-ce que cela ?

— C'est une association mystérieuse qui s'est imposée une singulière mission.

— Laquelle ?

— Celle de punir les fautes de lèse-élégance et de poursuivre à outrance les nobles qui manquent aux devoirs de leur rang.

— Je ne comprends pas très-bien, dit Bolton.

— Je n'avais pas compris non plus d'abord, mais on m'a expliqué la chose dans tous ses détails.

— Alors je prierai Votre Honneur de me rendre le même service.

— Ecoutez, dit Roger. Il paraît qu'il s'est formé à Londres, il y a un an, une sorte de tribunal secret de la noblesse et de la mode, dont les jugements sont sans appel.

— Mais qui condamne-t-il?

— Tout gentleman qui forfait aux lois de la gentry. Ainsi, par exemple, un gentihomme fait courir et use d'un stratagème quelconque pour gagner le prix, soit qu'il achète le jockey de son adversaire, soit qu'il triche sur le poids que doit porter son cheval.

— Bien, dit Bolton.

— Un matin, en entrant dans l'écurie, les palefreniers trouvent le cheval vainqueur étranglé sur sa litière. C'est le club de l'*Hermine* qui a ordonné et fait exécuter la sentence.

— Voilà qui est original, » dit Bolton.

Roger continua :

« Un homme de grande maison, duc ou pair, songe pour redorer son blason à épouser une fille de marchand, ornée d'un million, ou bien il confie ses dernières guinées à un commerçant dont il devient secrètement l'associé.

— Que fait le club?

— Dans le premier cas, le noble spéculateur voit arriver à son hôtel un camion chargé de barriques de mélasse et de caisses de savon, sur lesquelles le club a fait peindre les armes du coupable.

— Et dans le second cas ?

— Le commerçant fait faillite en quelques mois.

— Ah ça! dit Bolton en riant, voilà une association fort excentrique.

— Oui, si elle existe, dit Roger.

— Ah! on n'est pas certain de son existence ?

— Tout le monde en parle depuis quelque temps, mais personne ne s'est vanté d'en faire partie; personne encore n'a pu dire où elle siégait, quels étaient ses statuts, le nombre de ses séances, etc.

— Monsieur le marquis, dit Bolton en souriant, je crois que c'est un roman fantastique inventé tout exprès pour séduire l'imagination des oisifs.

— C'est ce que je saurai prochainement, répondit Roger.

— Comment cela?

— Cette nuit, au club des *Beaux*, on a parlé de cette mystérieuse association.

— Ah !

— Evidemment ; parmi les trente ou quarante personnes qui se trouvaient là, il y avait au moins un membre du club de l'*Hermine* sinon plusieurs, en admettant que le club existe.

— Il est certain, dit Bolton, que s'il y a réellement un club de l'*Hermine*, il a dû se recruter en partie parmi les *Beaux*.

— C'est ce que j'ai pensé.

— Eh bien ? fit le chirurgien.

— Alors, je lui ai porté un défi qui a

été inscrit sur le livre des paris, en ces termes : « Le marquis Roger d'Asburthon déclare qu'il ne croit pas à l'existence du club de l'*Hermine*, et il s'engage à donner cent livres aux pauvres de la paroisse Saint-Gilles, si le prétendu club de l'*Hermine* consent à lui révéler son existence ; dans ce dernier cas, le marquis d'Asburthon sollicite l'honneur d'être admis au nombre de ses affiliés.

— Et le club ne vous a point donné de ses nouvelles ?

— Pas encore. »

Comme le marquis parlait ainsi, son valet de chambre entra et lui présenta sur un plateau de vermeil un large pli de satin blanc, imprimé en caractère d'argent. Cette étrange missive portait une hermine sur un cachet de cire blanche.

« Oh ! oh ! dit Roger montrant le cachet à Bolton, je crois que les pauvres de Saint-Gilles ont gagé les cent livres du pari. »

Et il décacheta le message qui ne contenait que ces quelques lignes : « Le club de l'*Hermine* accepte le défi du marquis d'Asburthon, et le recevra cette nuit au nombre de ses membres, s'il consent à subir les épreuves qui lui seront imposées. »

« Que vous dit-on ? demanda curieusement le chirurgien.

— On me demande, reprit Roger en riant, si je suis assez brave pour me soumettre aux épreuves qu'il faut subir pour pénétrer dans le sanctuaire.

— Et vous vous êtes décidé ?

— A marcher sur un fleuve de feu, reprit le marquis, et me jeter tête baissée dans un gouffre hérissé de lames de faux. »

Bolton secoua la tête, tout en humant lentement une prise de macouba.

« Ainsi, dit-il, vous attendez que l'on vienne vous chercher cette nuit ?

— Certainement.

— Eh bien, monsieur le marquis, je crois que vous avez commis une imprudence et que vous allez faire maintenant une folie.

— C'est bien possible, fit Roger, mais si

je reculais à présent, je ferais une lâcheté, ce qui serait plus grave. »

Bolton reprit sa canne et son chapeau, et serra la main que lui tendait le jeune lord.

« A demain, docteur. »

— A demain, milord, répondit ce dernier en s'inclinant.

— Cette histoire du club de l'*Hermine* m'inquiète fort, se dit le docteur tout en regagnant son logs, il doit y avoir de la Topsy là-dessous! »

Roger était demeuré devant sa table de travail, feuilletant une brochure politique. Une heure s'écoula sans qu'il ait entendu le moindre bruit dans l'hôtel. L'impatience commença à le gagner.

« Je trouve assez impertinent, dit-il enfin à mi-voix, qu'on me fasse ainsi attendre. »

Et il se mit à se promener dans sa chambre, espérant toujours entendre vibrer la cloche qui annonçait l'arrivée d'un visiteur. Mais la cloche resta muette. Seulement, comme l'aiguille de la pendule placée sur la cheminée glissait sur le chiffre douze, une porte s'ouvrit silencieusement comme si elle eût été poussée par la main d'un fantôme ; aucun des domestiques de l'hôtel ne se montra pour annoncer un visiteur ; mais un personnage masqué, enveloppé des pieds à la tête dans un grand manteau noir, se montra sur le seuil, posant un doigt sur sa bouche pour recommander le silence au jeune marquis. Roger fit deux pas à la rencontre de l'homme masqué, l'invitant du geste à entrer. Celui-ci referma la porte tout aussi silencieusement qu'il l'avait ouverte, et vint se placer muet et grave, devant Roger.

« A votre façon mystérieuse d'entrer chez moi, lui dit le jeune homme, je devine qui vous êtes. »

Le personnage masqué s'inclina.

« Vous êtes le messager du club de l'*Hermine*; je vous attendais; mais comment êtes-vous arrivé jusqu'ici ? »

L'homme masqué répondit d'une voix grave :

« Nous savons passer au travers des portes les mieux closes, des murs les plus épais, et nous pouvons, au besoin, nous rendre invisibles ! »

Cette voix était inconnue à Roger.

« Voilà une mise en scène convenable, pensa-t-il. Voyons la pièce, à présent ?.....
Dois-je défendre ma porte ? ajouta-t-il en regardant le messager.

— Votre Seigneurie, dit l'homme masqué, briserait son cordon de sonnette, que nul ne viendrait.

— Vous disposez donc de mes gens ?

— Je n'ai pas à m'expliquer sur ce sujet.

— Soit! fit Roger en lui avançant un siége. J'attends. »

Le messager demeura debout :

« Milord, dit-il, le club de l'*Hermine* ne cherche point à faire des prosélytes, mais il accueille ceux qui osent accepter les épreuves auxquelles ont été soumis chacun de ses membres......

— Epreuves renouvelées de la Sainte-Vehme de Dortmund! interrompit Roger en riant.

— Votre Seigneurie a voulu savoir si le club existait; le club lui a répondu. Si Votre Seigneurie veut s'en tenir là, il en est temps encore.

— Non, non, répéta Roger : si le club existe, j'en veux faire partie!

— Votre résolution est bien prise?

— Oui.

— Que Votre Seigneurie songe qu'elle va être soumise à des épreuves terribles.

— Je les subirai.

— Qu'elle réfléchisse qu'une fois membre du club elle devra obéir aux ordres qui lui seront donnés.

— Soit! dit Roger.

— Vous êtes bien décidé, milord?

— Oui. »

Le messager demeura silencieux l'espace de quelques secondes.

« Alors, Votre Seigneurie va me faire un serment. »

— Lequel ?

— Elle va me jurer sur ce poignard qu'elle gardera le plus profond silence sur notre entrevue. »

Et le messager, dégageant son bras droit des plis de son manteau, tendit à Roger un poignard de forme étrange en acier poli.

« Sur mon honneur de gentilhomme, je le jure ! dit le marquis.

— Et sur ce qui va être convenu entre nous, ajouta l'homme masqué.

— Par le blason des Asburthon mes ancêtres, je le jure! » dit encore Roger.

Alors l'homme masqué remit le poignard dans une gaîne de chagrin suspendue à son cou, et dit à Roger :

« Demain, à pareille heure, je viendrai vous chercher pour vous conduire au club de l'*Hermine*. »

— C'est bien dit Roger : je serai prêt. »

L'homme masqué fit un pas de retraite. Roger voulut le reconduire :

« Ne me suivez pas, dit-il : vous ne devez pas savoir ni par où je suis entré, ni par où je vais sortir. »

Et il marcha lentement vers la porte, l'ouvrit et quitta le salon. Roger prêta vainement l'oreille : il n'entendit point retentir au dehors le bruit de ses pas ; aucun mouvement ne se fit dans les escaliers ni dans la cour de l'hôtel, et la grand'porte, qui grinçait ordinairement sur ses gonds, ne s'ouvrit pas.

« J'avais raison, se dit Roger, de prétendre que cela ressemblait beaucoup à un roman. »

Et il se mit au lit sans le secours de son valet de chambre.

. . . .

Le lendemain, à la même heure, le marquis Roger d'Asburthon attendait avec une vive impatience le messager du club de l'*Hermine*. Le but étrange de cette association, le mystère dont elle s'enveloppait avaient irrité au plus haut degré la curiosité de Roger et séduit sa jeune imagination. Fidèle au serment qu'il avait fait, le marquis n'avait parlé à personne de son entrevue avec l'homme masqué, ni du rendez-vous qu'il lui avait donné. Bolton était venu dans la journée, et Bolton n'avait fait aucune question. Le marquis était allé au club des *Beaux*, vers cinq heures, et y avait joué aux échecs. Là, on avait beaucoup parlé de son défi, mais il était resté muet sur ce sujet. Enfin, il avait passé sa soirée chez lui, comptant les heures d'abord, puis les minutes... Au moment où minuit sonnait à la pendule, la porte de sa chambre à coucher s'ouvrit, comme la veille, sans le moindre bruit. L'homme masqué était sur le seuil. Il fit à Roger un signe qui voulait dire : « Venez ! je vous attends. »

Roger se leva, prit son manteau et son épée et se dirigea vers la porte.

A son grand étonnement, le marquis vit l'homme masqué traverser l'antichambre et se diriger vers un corridor qui conduisait à un escalier de service.

« Voilà, pensa-t-il, un personnage qui connaît aussi bien que moi l'hôtel d'Asburthon. »

L'escalier était plongé dans l'obscurité; mais l'homme masqué passa le premier et descendit d'un pas assuré jusqu'à la dernière marche qui aboutissait aux jardins de l'hôtel. Là, il prit une allée qui conduisait à une porte dérobée. Roger le suivait pas à pas. La porte était ouverte, de l'autre côté du seuil Roger vit une voiture sans armoiries, attelée de deux chevaux. L'inconnu ouvrit la portière et lui dit :

« Montez ! »

Roger obéit, et l'inconnu se plaça auprès de lui. Minuit sonnait à toutes les horloges de Londres. L'inconnu sortit alors une écharpe de soie de sa poche et dit au marquis.

« Je vais vous bander les yeux.

— Faites! dit Roger.

— Et vous allez me jurer, quoi qu'il arrive, de ne point ôter votre bandeau.

— Je vous le jure. »

Quand Roger eut les yeux bandés, la

voiture partit au grand trot. Elle roula rapidement pendant plus d'une heure, et à de certains soubresauts, le marquis comprit qu'elle tournait souvent des angles de rues. Pendant le trajet, l'homme masqué ne prononça pas un mot. Enfin la voiture s'arrêta.

« Sommes-nous arrivés? demanda alors Roger.

— Oui, » répondit l'inconnu.

Et il ouvrit la portière, descendit le premier, et dit au marquis :

« Prenez ma main. »

Roger descendit et sentit sous son pied un sable fin comme celui d'une allée de jardin. En même temps, il entendit le bruit de la voiture qui s'éloignait et celui d'une porte qui se fermait derrière lui.

« A présent, dit l'inconnu, vous pouvez ôter votre bandeau. »

Roger arracha l'écharpe qui couvrait ses yeux et se prit à regarder, avec une curiosité avide, le lieu où il se trouvait.

C'était un vaste terrain, entouré de

grands murs qui bornaient la vue, et planté çà et là d'arbres touffus. Un rayon de lune glissant entre deux nuages, lui montra des pierres blanches surmontées de croix noires, espacées de distance en distance. Le marquis se trouvait dans un cimetière. Si brave que soit un homme, il ne peut pas se trouver tout à coup, la nuit, dans le champ des morts, sans éprouver un battement de cœur.

« Voilà, dit-il à son conducteur, un singulier lieu de rendez-vous. »

L'inconnu ne répondit pas et se mit à marcher à travers les tombes, toujours suivi par le marquis. La nuit était silencieuse, le cimetière était si vaste que Roger n'en apercevait point l'extrémité. Tout à coup il s'arrêta et quelques gouttes de sueur perlèrent à son front. Une forme blanche glissait comme une vapeur sous les sapins au feuillage noir.

« Qu'avez-vous ? dit l'homme masqué.

— N'avez-vous pas vu ? murmura Roger en étendant la main vers l'endroit où la forme blanche venait de disparaître.

— C'est quelque mort qui vient de se promener au clair de lune et rentre dans sa tombe, répondit l'inconnu. Si vous avez peur, retournons.

— Non ! s'écria Roger, je n'ai peur ni des morts ni des vivants. »

Et il marcha résolument. Devant lui était un petit monticule couronné par un monument de marbre, qui avait la forme et la hauteur d'un tombeau de famille.

« C'est là, dit l'homme masqué en montrant la porte du tombeau.

— Ah ! » fit Roger avec indifférence.

Comme il parlait encore, la porte du tombeau tourna sur ses gonds et s'ouvrit sans bruit ; et au même instant la lampe de fer suspendue à la voûte jeta une lueur phosphorescente, et ses trois branches s'allumèrent successivement.

« Vous aller entrer seul, reprit l'inconnu. Vous passerez entre deux tombes qui sont couchées côte à côte ; puis vous trouverez un escalier que vous descendrez. Lorsque vous sentirez la dernière marche sous votre pied, vous serez dans un corridor souterrain.

— Et alors? demanda Roger.

— Alors vous continuerez à marcher droit devant vous, jusqu'à ce que vous rencontriez un second escalier que vous gravirez.

— Et au bout de cet escalier?

— Vous trouverez une porte fermée. Alors vous frapperez trois coups en vous nommant.

— Bien, répondit Roger.

— A présent, dit l'homme masqué, vous allez me rendre votre épée.

— Ponrquoi ?

— Ainsi le veulent nos statuts. »

Roger déboucla son ceinturon et tendit son épée avec une obéissance passive.

« Vous n'avez pas d'autre arme sur vous, ni pistolets, ni poignard ?

— Non, dit Roger.

— Alors, marchez, » dit l'homme masqué en s'effaçant devant la porte du tombeau, à l'intérieur duquel pénétraient les rayons de la lune.

Roger entra. Il vit en effet deux tombes de marbre noir, au-dessus desquelles étaient couchées deux statues de marbre blanc qui ressemblaient à des cadavres ; mais il passa son chemin sans s'émouvoir et trouva l'escalier indiqué. Roger descendit une à une, et dans les ténèbres, les marches de l'escalier, les comptant machinalement et avançant avec précaution. L'escalier avait soixante-neuf marches. A la dernière, le marquis sentit un sable humide sous ses pieds. Il fit trois pas en avant; tout à coup une main glacée lui saisit le poignet dans l'ombre.

— Où allez-vous ? dit une voix sourde.

— Où l'on m'attend, répondit le jeune homme sans s'émouvoir.

— Passez ! » dit la voix.

Et Roger continua à marcher. Il chemina ainsi pendant cinq minutes, posant le pied au hasard, les mains étendues en avant, se demandant parfois s'il n'allait pas atteindre la lèvre de quelque précipice. Enfin, il rencontra un obstacle : c'était la première marche de ce second escalier que lui avait annoncé l'homme masqué. Il se mit à le gravir, comptant de nouveau les marches. A la trentième, il entendit un bruit sourd assez semblable aux roulements lointains du tonnerre. Il s'arrêta et prêta l'oreille. Le bruit s'affaiblit par degrés et s'éloigna dans une direction opposée. Roger comprit qu'il était sous une voûte, et qu'au-dessus de cette voûte était une rue. Le bruit qu'il venait d'entendre n'était autre que le roulement d'une voiture. Ce bruit éteint, Roger continua sa marche. Le second escalier avait, comme le premier, soixante-neuf marches. A la dernière, les mains du marquis se heurtèrent contre une porte massive. Roger frappa trois coups lentement espacés.

« Qui est là? dit une voix qui sembla vibrer au dessus de sa tête.

— Celui que vous attendez.

— Votre nom?

— Le marquis Roger d'Asburthon. »

La porte s'ouvrit alors, et une vive clarté vint le frapper au visage.

CHAPITRE DIX-SEPTIEME

XVII

Revenons à Cynthia que nous avons laissée au pouvoir de miss Ellen, sous la garde de l'indienne Daï-Natha. Le valet et les deux femmes demeurèrent dans l'ingénieuse cachette de la bibliothèque, un grand quart d'heure encore après le départ de Jean de France et de Samson. Ce ne fut qu'à l'arrivée de Joë, l'autre valet qui avait fait le guet sur la rive gauche de la Tamise, et lorsque ce dernier lui eut crié que Jean et son compagnon étaient en route pour Londres, qu'ils se décidèrent à sortir. La paralysie étrange de Cynthia commençait à se dissiper. Elle retrouva peu à peu l'usage de ses membres, et enfin sa langue se délia. On la ramena dans le petit salon, et là l'Indienne lui dit :

« Nous ne serons plus troublés maintenant, et vous pouvez vous coucher et dormir tranquillement. Black va veiller. Au point du jour, il se couchera et je prendrai sa place; car vous devez bien penser que nous n'allons pas vous perdre de vue un seul instant. »

Cynthia ne répondit point. Elle se coucha silencieusement et ferma les yeux pour revoir en souvenir ce fils si jeune, si noble et si beau qu'elle avait entrevu aux genoux de miss Ellen. Puis la fatigue l'emporta sur l'inquiétude, et le sommeil s'empara d'elle. Quand elle s'éveilla, le soleil était haut déjà à l'horizon. L'Indienne et le valet étaient toujours là.

« Jusques à quand allez-vous me garder ainsi ? demanda-t-elle.

— Jusqu'à ce que mademoiselle vienne.

— Ah! dit Cynthia; et quand viendra-t-elle ?

— Nous ne savons pas : peut-être ce soir, peut-être demain. »

Cynthia se renferma dès lors dans un

mutisme absolu. Mais elle espérait toujours voir revenir Jean de France ou Samson. La journée s'écoula, le soir vint : miss Ellen ne parut pas. Le lendemain, Cynthia demanda vainement si elle allait venir.

« Je ne sais pas, » répondit encore l'Indienne.

Enfin, vers le soir, comme huit heures sonnaient, le roulement d'une voiture se fit entendre à la porte du cottage. Le cœur de Cynthia battit bien fort. Elle crut à l'arrivée de Jean de France. Mais son espoir s'évanouit aussitôt, car le valet Black entra et dit :

« Voici miss Ellen. »

Il se passa alors dans le cœur de Cynthia comme une lutte violente entre la raison qui lui disait : « Défie-toi ! » et le souvenir de cette entrevue entre miss Ellen et Roger qui lui disait : « Elle l'aime ! » Miss Ellen entra. Elle était souriante et le bonheur était peint dans ses yeux. Elle vint à Cynthia et lui prit la main :

« Ah ! lui dit-elle, si vous saviez comme il me tardait de vous voir. »

Cynthia retira sa main et enveloppa la bohémienne d'un regard plein de défiance.

— Vous, la mère de mon Roger bien-aimé, » continua miss Ellen avec entraînement.

Cynthia eut un sourire de pitié.

« Vous vous trompez, dit-elle, je n'ai pas de fils.

— Bien, dit miss Ellen en l'observant; à ces paroles, je reconnais la mère dévouée, résignée, la pauvre bohémienne qui vit dans l'ombre pour laisser son fils briller au premier rang de la noblesse. »

Mais Cynthia demeura impassible. Miss Ellen continua :

« Vous vous défiez de moi, et vous avez raison en apparence, car on a dû vous dire que j'étais l'ennemie de votre fils ; et Dieu m'est témoin cependant que je l'aime... »

Elle appuya la main sur son cœur.

« Ah ! cher Roger, murmura-t-elle.

— Miss Ellen, répondit Cynthia toujours maîtresse d'elle-même, je n'ai pas de fils et n'ai rien de commun avec le gentleman dont vous parlez ; mais admettez un moment que je sois sa mère, comment ne me défierais-je pas d'une femme qui m'a fait enlever dans la rue et me retient ici prisonnière après m'avoir fait torturer par une infâme créature.

— Qui vous dit que tout ce qui a été fait ici a été fait par mon ordre ; qui vous dit, continua miss Ellen, que je n'ai pas subi moi-même, jusqu'à cette heure, une contrainte cruelle, que ma volonté, que ma conscience n'ont pas été violentées. Mais, reprit-elle avec un sourire amer, je perdrais mes paroles à chercher à vous persuader ; je n'ai maintenant qu'une seule chose à vous dire : vous êtes libre ! »

Cynthia étouffa un cri de joie.

« Libre ! dit-elle en faisant un pas vers la porte, dont miss Ellen venait de pousser les battants.

— Qu'attendez-vous ? reprit cette dernière en la voyant hésiter.

— J'attends, dit Cynthia avec calme,

que vous me disiez pourquoi, après m'avoir gardée prisonnière pendant deux jours, vous me rendez aujourd'hui la liberté ?

— Pour que je parle, dit miss Ellen d'une voix émue, il faut que vous me laissiez supposer un moment que vous êtes la mère de Roger ? »

Cynthia garda le silence. Miss Ellen reprit :

« J'aime Roger et Roger m'aime; un homme s'est mis entre nous ; vous le connaissez, Cynthia : c'est Jean de France.

Ah! si vous saviez la fourberie de cet homme qui me poursuit d'un amour odieux... »

Cynthia tressaillit, car miss Ellen, en parlant ainsi, avait un accent de sincérité admirablement joué.

« Jean de France m'aime, continua miss Ellen, et il est résolu à perdre son rival! Que Roger soit ou non votre fils, qu'il soit bohémien ou grand seigneur, il a maintenant un ennemi implacable dans ce Jean de France, dans votre frère qui vous trompe comme il trompe le marquis d'Asburthon, en jouant une indigne comédie... Maintenant, partez! allez rejoindre ce frère bien aimé, et conspirez ensemble la perte de Roger. Je lutterai seule contre vous tous, car je l'aime, entendez-vous bien, et je saurai déjouer toutes vos ténébreuses machinations ! »

Et miss Ellen s'effaça pour laisser passer la mère de Roger. Cynthia était émue; cependant elle eut la force de se contenir et de faire quelques pas vers la porte. Mais comme elle allait en franchir le seuil, miss Ellen lui prit vivement la main et lui dit avec une exaltation singulière :

« Si vous aimez votre frère, Cynthia, tâchez de le détourner de la route sur laquelle il s'engage ; je ne suis qu'une femme, mais je serai forte pour défendre mon bonheur. »

Cynthia s'arrêta de nouveau ; elle était ébranlée, et son secret allait lui échapper. Tout à coup on entendit au-dehors le galop précipité d'un cheval, et une seconde après le cheval s'arrêta ruisselant de sueur à la porte du cottage.

» Où est miss Ellen? » demanda une voix haletante.

Miss Ellen se précipita au dehors; Cynthia, étonnée, la suivit. Un valet, à la livrée du marquis Roger d'Asburthon entra une lettre à la main.

« Tenez, miss Ellen, dit-il, c'est de la part de mon maître, et il n'y a pas une minute à perdre si vous voulez le sauver! »

Le valet paraissait en proie à une violente agitation. Miss Ellen prit la lettre, l'ouvrit, y jeta les yeux et poussa un cri terrible, puis elle tomba inanimée dans les bras de Cynthia; la pauvre mère éperdue ramassa la lettre et lut :

« Mon Ellen adorée, j'ai été attiré dans un guet-apens, et dans une heure je serai mort si tu n'est pas venue à mon secours. Je suis au pouvoir des affiliés du club de l'Hermine.

» ROGER. »

L'indienne Daï-Natha était accourue et

relevait miss Ellen; elle rouvrit aussitôt les yeux.

« Oh! courons! courons! dit-elle; ils vont le tuer! »

Ce mot perça le cœur de la pauvre mère.

« Mon fils! » s'écria-t-elle éperdue.

A son tour miss Ellen la soutint dans ses bras.

« Ah! venez, Cynthia, venez, s'écria-t-elle, chaque minute qui s'écoule rapproche notre Roger de la mort! »

Et Cynthia, à demi-morte de terreur, fut

enlevée dans les bras robustes du valet et placée dans la voiture de miss Ellen qui attendait à la porte ; la jeune fille s'y plaça auprès d'elle et cria au cocher :

« Ventre à terre jusqu'à Saint-Gilles ! »

. . . .

Le premier acte de la comédie était joué : Cynthia avait succombé ; ce danger dont parlait le billet signé Roger lui avait arraché l'aveu de sa maternité, et désormais elle était au pouvoir de miss Ellen. La voiture traversait Londres comme un météore. La nièce de sir Robert Walden se lamentait et ne répondait que par des larmes aux questions de Cynthia folle de terreur. La pauvre mère ne comprenait qu'une chose, c'est que son fils était en danger de mort. A chaque instant miss Ellen qui paraissait en proie à une épouvante sans nom, baissait la glace de la voiture et criait au cocher :

« Plus vite ! plus vite ! »

Et cependant la voiture roula près de deux heures, et pendant ce laps de temps il fut impossible à Cynthia, qui souffrait mille morts, d'obtenir de miss Ellen aucune explication. Enfin la voiture s'arrêta ; miss Ellen s'élança au dehors en disant :

« Venez! venez! »

Cynthia descendit, soutenue par la jeune fille qui pleurait toujours. Cependant, avant de la suivre, elle jeta un regard rapide autour d'elle. Le lieu où venait de s'arrêter la voiture était une longue rue déserte et mal éclairée. Cynthia vit devant elle une maison noire, d'apparence lugubre, dont les fenêtres ne laissaient filtrer aucune lumière au dehors. Elle frappa à la porte qu'un valet vint entre-bâiller; miss Ellen prononça quelques mots que la bohémienne n'entendit pas; le valet ouvrit alors la porte toute grande.

« C'est ici, répéta miss Ellen au comble de l'anxiété; venez! venez!... »

Cynthia eut encore comme un éclair de raison, un dernier et terrible soupçon l'envahit; mais miss Ellen l'entraîna et s'écria d'une voix pleine de sanglots :

« Ah! pourvu que nous n'arrivions pas trop tard!... »

Et comme Cynthia franchissait le seuil de cette maison mystérieuse, la porte se referma derrière elle. En même temps le cocher dit au valet à la livrée d'Asburthon, lequel avait escorté la voiture :

« Sais-tu que notre maîtresse sait pleurer comme une Madeleine!

— Et à volonté! » ajouta le valet en riant.

CHAPITRE DIX-HUITIEME

XVIII

Pénétrons maintenant dans le sanctuaire du club de l'*Hermine*, quelques minutes avant l'arrivée du postulant, c'est-àdire du marquis Roger d'Asburthon.

C'était une salle ronde, tendue de satin blanc du sol au plafond, et éclairée par un lustre et des candélabres d'argent. Au milieu de la salle et sur une table de marbre blanc se trouvait une bière découverte, un marteau et des clous. Auprès de la bière était un billot, et debout, à côté du billot, un homme masqué et vêtu de rouge s'appuyait sur une large épée à double tranchant; le billot et le bourreau étaient placés dans une sorte de bassin carré rempli de son. Sur une estrade circulaire, douze hommes, vêtus de longues toges d'hermine et la tête couverte de cagoules de soie blanche, étaient assis, immobiles comme des statues de marbre. Au sommet de l'estrade et devant une table de cristal se tenait debout un treizième personnage, revêtu, comme les autres membres du club, de la toge d'hermine et de la cagoule de soie, mais portant, comme signe distinctif, un collier de grosses perles de jais blanc. Il avait devant lui, sur la table des papiers épars, une petite baguette d'ivoire, et sur un socle une hermine d'argent dont les yeux de rubis projetaient deux rayons sanglants. Après avoir examiné des papiers placés devant lui, il frappa légèrement sur la table avec sa baguette d'ivoire pour commander l'attention, et dit :

« Milords, je vous ai convoqués pour avoir à statuer sur la demande d'admission qui nous est adressée par un gentleman qui s'est fait une grande réputation de bravoure et d'élégance. »

Ces paroles prouvaient surabondamment que le personnage qui ouvrait ainsi la séance était le président du club de l'*Hermine*. Un des membres répondit :

« Nous savons qu'il est question de recevoir un nouveau membre, mais nous ignorons encore son nom.

— Milords, répondit le président, le récipiendaire se nomme le marquis Roger d'Asburthon. »

Il y eut parmi l'assemblée un murmure qui pouvait être pris pour une approbation.

« S'il s'agit du marquis Roger, dit un troisième affilié, je crois qu'on peut abréger les épreuves; sa bravoure est tellement connue... »

Le président imposa silence d'un geste à l'interrupteur.

« Milords, dit-il, avant de laisser la discussion s'engager, je dois vous rappeler en quelques mots le but de notre association. »

Les douze membres du comité s'inclinèrent en signe d'assentiment. Le président reprit :

« Nous nous sommes imposé la mission de punir les fautes d'étiquette de l'aristocratie anglaise, de poursuivre les délits de lèse-élégance, de démasquer les faux gentilshommes, de protéger les vrais nobles contre leurs ennemis les roturiers, et de veiller enfin à ce que les lois nobiliaires ne soient jamais violées.

— Oui, c'est le texte de la loi, dirent plusieurs voix.

— Eh bien ! messieurs, reprit le président, un fait très-grave, un crime, j'ose employer le mot, va vous être signalé. Il s'agit d'un aventurier, d'un bohémien, qui aurait réussi à se substituer à un pair d'Angleterre. »

Il y eut à ces paroles une explosion d'indignation dans la salle. Le président continua :

« J'ai reçu ce matin même, au moment où je vous convoquais pour l'admission du marquis Roger d'Asburthon, une lettre dont je vais vous donner communication. »

Il se mit à chercher dans les papiers placés sur la table, et prit un billet qu'il commença à lire à haute voix :

« Jusqu'à présent le club de l'*Hermine* s'est occupé de questions secondaires et qui ne justifient son nom qu'à moitié. Chasser du Stand d'Epsom le gentleman qui a usé de ruse pour faire triompher son cheval; empêcher un lord ruiné de se mésallier; mettre au ban de la fashion le prétendu beau qui porte des bijoux faux et fait repriser ses dentelles, sont certainement des actes fort méritoires, mais le club de l'Hermine a mieux à faire. On lui pose cette question : « Quel châtiment mériterait l'homme qui aurait abusé de la bonne foi de toute une nation, qui, affublé du titre et du nom d'un grand seigneur mort au berceau, se serait emparé de sa fortune et aurait eu l'audace de s'asseoir dans le fauteuil d'un pair d'Angleterre ? »

Le président interrompit sa lecture.

« Quele club me permette, dit-il, de lui

poser la question comme le fait notre correspondant anonyme. »

Et il s'adressa à celui qui avait jugé inutiles les épreuves auxquelles on allait soumettre le marquis Roger :

« Quel châtiment demanderiez-vous pour cet homme ? »

Le membre interpellé répondit :

« Je voudrais qu'il fût arraché de son siège en pleine séance de la chambre des lords et traîné dans les ruisseaux de Londres par les *chasseurs d'égout*

— Et vous ? demanda le président à un second affilé.

— Moi, je voterais pour la déportation.

— Oui, Botany-Bay ! » crièrent plusieurs voix.

Alors un autre membre se leva et dit :

« Moi, messieurs, j'ai une autre opinion.

— Parlez, dit le président.

— La première condition pour faire

partie de notre association est d'être gentilhomme.

— C'est vrai.

— Redresseurs des torts faits à la noblesse anglaise, nous sommes tous solidaires les uns des autres. Si un loup est surpris dans une bergerie, on tue le loup; si parmi les nobles se glisse un imposteur, un voleur de blason, c'est à la noblesse à se faire justice elle-même.

— Bravo! bravo!

— Si le fait qui vous est signalé est

vrai, poursuivit l'orateur, je demande que le coupable soit mis à mort. »

A ces mots il courut un frisson dans l'assemblée, et tous les regards se portèrent de cette bière vide qui semblait attendre un cadavre à ce bourreau masqué qui paraissait prêt à le lui donner.

Un silence de tombe régna pendant quelques secondes dans cette assemblée de fantômes ; puis le président reprit la lettre et en continua la lecture :

« Le crime signalé sera prouvé. On désire seulement que la question du châtiment soit posée au postulant que le club se prépare à recevoir, c'est-à-dire au marquis Roger d'Asburthon.

Lorsque le marquis aura émis son opinion, le président du club pourra ouvrir une seconde lettre cachetée, qui sera déposée sur la table de cristal par un des membres du comité. Cette lettre contiendra le nom du coupable, lequel se trouvera parmi les affiliés de l'*Hermine.* »

Cette dernière phrase souleva une rumeur générale.

« C'est une mystification ! s'écrièrent plusieurs voix.

— Nous nous connaissons tous ! dit un autre.

— Milords, reprit le président avec gravité, on m'annonce des preuves.

— Si ces preuves sont convaincantes, dit un affilié, je demande que le coupable soit jugé séance tenante.

— Oui, oui, dirent plusieurs voix.

— Et que l'épée fasse son œuvre ! » ajouta celui qui s'improvisait accusateur public.

En ce moment on frappa trois coups à la porte.

« Voici le récipendiaire, dit le président ; silence, milords ! »

Lorsque Roger eut crié son nom, la porte s'ouvrit et le jeune homme s'arrêta sur le seuil.

Roger jeta un regard étonné sur cette salle tendue de blanc, sur ces hommes masqués, et sourit en voyant le billot, la bière et le porte-glaive. Puis il s'avança d'un pas ferme et salua par trois fois.

« Qui êtes-vous, répéta le président, vous qui avez osé pénétrer dans cette enceinte ?

— Je me nomme le marquis Roger d'Asburthon, et je suis colonel des dragons du roi.

— Que demandez-vous ?

— Je sollicite l'honneur de faire partie du club de l'*Hermine*.

— Approchez. »

Roger, tête nue, fit trois pas encore.

« Êtes-vous gentilhomme?

— Oui, milord.

— Vous n'avez jamais forfait à l'honneur?

— Jamais.

— C'est bien. Maintenant, répondez à cette question : Quel châtiment, selon vous, mériterait un homme qui, prenant un nom et une qualité qui ne lui appartiennent pas, aurait menti à toute la noblesse anglaise?

— Un tel misérable ne saurait exister.

— Il existe, » dit le président.

Et il lut à Roger la lettre dont le club avait déjà pris connaissance; Roger écouta religieusement; quand le président eut terminé, il éleva la voix et dit :

« Cet homme a mérité la mort.

— Aussi bien, reprit le président, voici la bière qui lui est destinée et le bourreau qui fera rouler sa tête. »

Une anxiété visible s'était emparée de

tous les affiliés. Chacun regardait son voisin et semblait se dire : « Est-ce lui qui a la seconde lettre ? »

Enfin, le membre qui avait voté pour la mort se leva lentement, et montant sur l'estrade du président, lui tendit respectueusement un pli cacheté. Le président l'ouvrit au milieu d'un silence solennel, et lut d'une voix ferme les lignes suivantes :

« Il y a trois jours, une femme s'est présentée chez un officier de police, et a dit se nommer Cynthia. Cette femme venait faire une révélation importante. Elle s'accusait d'avoir substitué son enfant à l'enfant d'un pair d'Angleterre qu'elle a nommé. Cet enfant est riche; il porte le nom et le titre de l'enfant mort; il passe dans Londres pour un parfait gentilhomme. »

Le président interrompit brusquement sa lecture.

« Marquis Roger d'Asburthon, dit-il sévèrement, persistez-vous dans votre opinion que cet imposteur mérite la mort ?

— Oui, » dit Roger avec calme.

Le président étouffa un soupir.

« Alors, dit-il, écoutez :

« L'enfant substitué, le fils de Cynthia la bohémienne, porte le nom du marquis Roger d'Asburthon. »

Roger jeta le cri d'un homme frappé à mort.

« C'est faux ! » dit-il en étendant la main droite vers le président;

Mais en ce moment, au cri de Roger, répondit un autre cri, un cri de femme, un cri de mère. Une porte venait de s'ouvrir et une femme éperdue, les cheveux épars, le visage baigné de larmes, s'était élancée vers Roger et le couvrait de son corps.

« Grâce! grâce! criait-elle ; grâce pour mon fils! »

Et comme Roger, foudroyé, levait sur elle un œil hébété, cette femme reprit en sanglotant :

« Non, mes bons seigneurs, vous ne le

condamnerez pas, car il est innocent. Le seul coupable c'est moi; moi qui ai consenti à me séparer de lui pour toujours... »

Et elle couvrait Roger de caresses, lui faisait un rempart de son corps et semblait défier l'homme rouge qui s'appuyait sur la garde de sa lourde épée.

« Me tuer mon fils! s'écria-t-elle; vous voudriez me tuer mon fils! mon Amri bien-aimé. Oh! mais vous n'y songez pas, mes bons seigneurs. Regardez comme il est jeune et beau. »

Et elle délirait en parlant ainsi, et elle nouait ses deux bras autour du cou de Roger pâle de stupeur. Tout à coup il se redressa l'œil en feu, et, repoussant la bohémienne, demeura debout, sombre et menaçant comme une divinité infernale. Un silence de mort régnait autour de lui.

« Milords! dit-il, si cette femme a dit vrai, si elle peut prouver ce qu'elle a dit, si je ne suis pas le fils de lord Asburthon, mais un bohémien, que la sentence que j'ai moi-même prononcée s'exécute à l'heure. »

Et il fit un pas vers le billot, s'agenouilla et dit avec calme.

« Toi qui prétends être ma mère, prouve-le ; et toi, qui tiens le glaive, prépare-toi à frapper ! »

Mais tandis qu'il parlait ainsi, un bruit se fit au dehors et on frappa rudement sur la porte.

« Au nom de la loi, ouvrez ! » cria une voix.

Les membres du club, déjà fortement impressionnés, se regardaient avec stupeur.

« Ouvrez, au nom de la loi ! répéta-t-on au dehors.

— Ouvrez ! » cria le président.

Un homme, revêtu de l'habit du coroner, parut alors sur le seuil. Derrière lui étaient trois autres personnes : un homme en l'habit de ville et deux infirmiers de l'hôpital de Bedlam.

« Milords, dit le coroner en s'inclinant,

pardonnez-moi de venir ainsi troubler cette réunion; mais ma mission est toute pacifique, et je ne vous demanderai pas à quoi vous comptez employer ce bourreau d'opéra et ce cercueil. »

A ces mots, les affiliés de l'*Hermine* commencèrent à respirer.

« Mais, reprit le coroner, je viens assister M. le docteur Bolton que voici, chirurgien en chef de l'hôpital des aliénés de Bedlam, qui est à la recherche d'une malheureuse folle, dont la monomanie consiste à se dire la mère de Son Honneur le marquis Roger d'Asburthon. »

Ces dernières paroles furent comme un coup de tonnerre ; et Cynthia, atterrée, jeta autour d'elle un regard éperdu. Elle comprenait enfin.

« Messieurs, dit alors Bolton en s'avançant, j'étais le médecin du feu marquis d'Asburthon, gouverneur général des Indes ; j'ai vu naître et grandir son fils. Or, vous devez bien penser que lorsque cette maheureuse femme m'a été amenée par un watchman, je n'ai pas été long à comprendre que sa raison n'était pas saine. Trilby, faites votre office, mon garçon. »

FIN DU DEUXIÈME VOLUME

Wassy. — Imp. Mougin-Dallemagne.

NOUVEAUTÉS EN LECTURE.
DANS TOUS LES CABINETS LITTÉRAIRES.

Les Demoiselles de Magasin, par Ch. Paul de Kock, 6 v. in-8.
Bob le Pendu, par Xavier de Montépin, 3 vol. in-8.
Le Bâtard du Roi, par Clémence Robert, 4 vol. in-8.
Les Bohémiens de Londres, par P. du Terrail, 4 vol. in-8.
Le Roi des Rossignols, par Alexandre de Lavergne, 4 vol. in-8.
Les Amoureux d'une honnête Fille, par M. Perrin, 2 v. in-8.
La Dette de Sang, par la Comtesse Dash, 2 vol. in-8.
Les Métamorphoses du Crime, par X. de Montépin, 6 v. in-8.
Coquelicot, par le vicomte Ponson du Terrail, 4 vol. in-8.
Le Mendiant de Tolède, par Molé-Gentilhomme et Constant-Guéroult, 4 vol. in-8.
Les Buveurs d'Absinthe, par Henry de Kock, 6 vol. in-8.
Les Chevaliers de l'As de Pique, par A. Blanquet, 4 v. in-8.
Les Bohêmes de Paris, par Ponson du Terrail, 7 v. in-8.
Crochetout le Corsaire, roman maritime par E. Capendu, 6 v. in-8.
Un Crime Mystérieux, par la Comtesse Dash, 3 vol. in-8.
Les Bateleurs de Paris, par Clémence Robert, 2 vol. in-8.
L'Oiseau du Désert, par Elie Berthet, 5 vol. in-8.
Ecoliers et Bandits, par Edouard Devicque, 4 vol. in-8.
Les trois Hommes Noirs, par Luc-Chardall, 4 vol. in-8.
Le Trou de Satan, par Ponson du Terrail, 3 vol. in-8.
La Famille de Marsal, par Alex. de Lavergne, 7 vol. in-8.
Les Compagnons de la Torche, par X. de Montépin, 5 v. in-8.
Le Chevalier de la Renaudie, par Edouard Devicque, 5 vol. in-8.
Les Démons de la Mer, par Henry de Kock, 6 vol. in-8.
La Belle Antonia, par Ponson du Terrail, 3 vol. in-8.
Alain de Tinteniac, par Théodore Anne, 3 vol. in-8.
Le Gentilhomme Verrier, par Elie Berthet, 6 vol. in-8.
La Filleule d'Arlequin, par Maximilien Perrin, 2 vol. in-8.
Noélie, par Eugène Scribe, 4 vol in-8.
Les Chevaliers du Clair de lune, par P. du Terrail, 7 v. in-8.
Amaury le Vengeur, par Ponson du Terrail, 7 v. in-8.
La Maîtresse du Proscrit, par Emmanuel Gonzalès, 4 vol. in-8.
L'Homme Rouge, par Ernest Capendu, 5 vol. in-8.
L'Ame et l'Ombre d'un Navire, par G. de la Landelle, 5 v. in-8.
La Sorcière du Roi, par la comtesse Dash, 5 vol. in-8.
Les Sabotiers de la Forêt noire, par E. Gonzalès, 3 vol. in-8.
Le Nain du Diable, par la comtesse Dash, 4 vol. in-8.
Le Ménage Lambert, par A. de Gondrecourt, 2 vol. in-8.
Fleurette la Bouquetière, par Eugène Scribe, 6 vol. in-8.
Le Parc aux Biches, par Xavier de Montépin, 7 vol. in-8.
Les Etudiants de Heidelberg, histoire du siècle de Louis XIV, par le vicomte Ponson du Terrail, 7 vol. in-8.
Les Mystères de la Conscience, par Etienne Enault, 4 v. in-8.
Les Gandins, par Ponson du Terrail, 6 vol. in-8.
L'Homme des Bois, par Elie Berthet, 6 vol. in-8.
Les trois Fiancées, par Emmanuel Gonzalès, 3 vol. in-8.

Pour la suite des Nouveautés, demander le Catalogue général qui se distribue gratis.

WASSY. — IMP. DE MOUGIN-DALLEMAGNE.

www.ingramcontent.com/pod-product-compliance
Lightning Source LLC
Chambersburg PA
CBHW060638170426
43199CB00012B/1592